U0565065

长街诗歌

台州市路桥区十里长街振兴工作领导小组办公室
台州市路桥区作家协会
编撰

上海三联书店

路桥十里长街文化丛书

本册主编：管彦达　李　异

插　　画：卢　斌

总　序

　　路桥十里长街，发轫于东汉，肇兴于两宋，繁盛于明清。全街包含河西街、邮亭街、路北街、路南街、下里街、新路街、石曲街等七个街区，总长近五公里。斗式木楼依河而建，百姓傍水而居，河上石桥相望，街中杰阁峥嵘，商铺林立，里巷通幽，颇具江南水乡韵味，是浙江省级历史文化保护街区。

　　岁月流淌，十里长街积淀了丰厚的文化根基。早在东汉时期，这里就设有邮亭，成为交通要冲；东晋大书法家王羲之游历浙东，在此留下墨池遗迹；五代吴越王钱镠下令开凿南官河，大镇始肇；宋代在新安桥附近设场务，路桥地名始载典籍，北宋至南宋，"人物渐繁，商贾渐盛"，逐渐形成今天的规模；晚清民国时期，长街进入鼎盛阶段，南官河上，货船拥塞，市井巷弄，万商云集，成为浙东南著名商埠。

　　十里长街历史名人辈出，北宋高道范铸、南宋名绅赵处温、元末方国珍家族、明代《永乐大典》参修包肇古、"一门天宠"李岊、抗倭义士蔡德懋、清代地理学者李诚、御史杨晨、民国"垦荒模范"王志千、著名药学家於达望、当代书法家任政等，都出生或者曾经生活在十里长街。

　　市井商贸的繁荣催动了浓郁的人间烟火味，民间曲艺、手工艺等非物质文化遗产与特色美食小吃为长街带来了丰富多样的民俗底蕴，生动的故事和高雅的诗歌则赋予长街鲜活的美学魅力。

为全面挖掘和展现十里长街历史文化，服务长街振兴工作，路桥十里长街振兴工作办公室联合路桥区作家协会，推出《十里长街文化丛书》。

本丛书共分为四本，取十里长街历史文化之精华，系统性地介绍了十里长街的人文历史、风景名胜、民俗非遗、诗词歌赋、民间故事、美食小吃等，集趣味性、艺术性、思想性于一体，图文并茂，雅俗共赏。

十里长街，是路桥千年商都的文明缩影，镌刻着路桥人民的乡愁记忆，也是路桥最具文化标识的"金名片"。编纂《十里长街文化丛书》，对于挖掘、保护和传承十里长街历史文化意义重大。希望这套丛书能让人们了解十里长街的过去，留住乡愁，并对长街的未来产生积极影响。

是为序。

本书编委会

二〇二四年十二月

目 录

CONTENTS

第一编　十里长街古诗

第六章 近现代诗歌

第二编　十里长街现代诗

第三编　十里长街当代古体诗

第一编　十里长街古诗

第一章　宋代诗歌

○ 北宋　如吉

如吉，路桥妙智寺住持。

赠栖霞宫道朱霞外

龙虎丹砂炼已成，方瞳绿发仙骨轻。

石床半醉海月冷，芝轩长啸天风清。

时泛绿觥陪侠客，永期赤鲤归蓬瀛。

朝簪相访惜回驭，屡奏瑶琴太古声。

（录自《路桥志略》）

妙智寺，位于路桥街中心廿五间旁，宋建隆元年
（960年）蜀僧南慧建。继任者非一，而卒成者，如吉也。

○ 北宋　赵抃

赵抃（1008-1084），字阅道，号知非子，浙江衢

州人，宋景祐元年（1034 年）进士，官至参知政事，素有"铁面御史"之称。神宗时，与王安石议政不合，出知成都。卒谥"清献"。著有《赵清献公文集》10卷及《成都古今记》33 卷。

题内照庵

山老傍庵名内照，掩扉默坐徒观妙。

欲知毕竟是如何，无量寿光逾两曜。

（录自《路桥志略》）

○ 北宋 刘彝

刘彝（1017-1086），字执中，福建闽县人，庆历（1041-1048）进士，历任州县。有《明善集》等。

题涤虑轩

万事本无心，宁容客虑侵。

方池惟贮月，修竹不栖禽。

地静饶真趣，风长展梵音。

有人重税驾，经宿乐幽林。

（录自《路桥志略》）

涤虑轩，在路桥妙智寺内。

○ 北宋 虞策

虞策（1042-1107），字经臣，钱塘人，嘉祐进士，历任台州推官、左司谏、吏部尚书。

题涤虑轩

禅翁自说逢迎懒，向此开轩最所宜。

地僻风尘非我事，夜深水月几人知。

澄观万境皆无物，笑指三乘亦有为。

行客暂来良自省，不堪勤悴鬓成丝。

（录自《路桥志略》）

○ 北宋 左誉

左誉，字与言，黄岩人，大观三年（1109 年）进士，官至湖州通判，不久弃官为僧。有《筼翁长短句》。

题涤虑轩

一

过眼烟云是也非，橘槔俯仰正儿嬉。

欲知身世俱无染，看取莲花在水时。

二

洗尽尘机万虑空，胸中冰鉴许谁同。

今宵正可谈风月，借问何人是阿戎。

（录自《路桥志略》）

○北宋 岑象求

岑象求，字岩起，梓州人。举进士。神宗熙宁中为梓州路提举常平。哲宗元祐元年知郑州，徙利州路转运判官，改提点刑狱。五年为殿中侍御史。六年（1091）出为两浙路转运副使。七年入为户部郎中。徽宗建中靖国元年以权尚书刑部侍郎为覆按山陵使。后入元祐党籍。有《吉凶影响录》10卷。

题涤虑轩

圣人重洗心，君子贵浴德。

清心是道场，金仙有遗则。

人言我虑不须涤，我谓几人能涤得。

以此息万缘，以此消六贼。

君不见水观月观成道人，尽向此门生妙识。

（录自《路桥志略》）

○ 北宋 王十朋

王十朋（1112-1171），字龟龄，号梅溪，乐清雁荡山左原（梅溪）人，南宋名臣。南宋高宗绍兴二十七年（1157年）状元，任绍兴府签判，擢秘书郎，迁侍御史，后出任饶州、湖州、泉州等四郡太守，布上恩，恤民隐，所至人绘而祠之。以龙图阁学士致仕（退休）。

宿妙智院

问讯开山始，于今二百年。

径幽微见竹，社废尚遗莲。

观颂思元老，游庵忆旧禅。

匆匆一宿客，未尽涤尘缘。

（录自《路桥志略》）

《梅溪集》诗下注：院有内照庵，赵清献作颂，轩名涤虑。

○ 南宋 刘允济

刘允济，字全之，原籍新渎，后迁路桥，为路

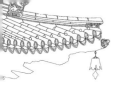

桥刘氏始迁祖。宋淳熙五年戊戌（1178年）进士，赠正议大夫，显谟阁待制。历太常寺主簿（吴县？）、国子监丞，知南剑州、福建常平提举时，以民多溺女，善诱而严戒之，俗为一变。后知温州，以中奉大夫提举崇禧观。

咏琴

昔在龙门侧，谁想凤鸣时。

雕琢今为器，宫商不自持。

巴人缓疏节，楚客弄繁丝。

欲作高张引，翻成不调悲。

（录自《路桥志略》）

○ 南宋 孙应时

孙应时（1154-1206），字季和，自号烛湖居士，余姚人。八岁能文，师事陆九渊。登淳熙二年（1175年）进士。初为黄岩尉，有惠政。常平使者朱熹重之，与定交。丘崇帅蜀（1190年），辟放制幕。策知吴曦之将叛，人服其先见。后知常熟县，秩满，郡守以私恨捃摭之，谓其负仓粟三千斛。市民感德，争担负代偿。守益憎恶，竟坐贬秩。移判邵武军，未上而卒。应时著有烛湖集二十卷，《四库总目》传于世。

黄岩新安镇舟中和王主簿春霁遣兴

天惜花时雨易晴，鸟知人意唤春醒。

归舟兀兀新安路，溪北溪南水正生。

（录自《孙应时诗全集》）

新安镇，路桥镇前身。《元丰九域记》载："黄岩
有峤岭、于浦、新安、青额、盐监五镇。"南宋嘉定《赤
城志》载："路桥镇（市），在（黄岩）县东南三十里，
旧名新安。"说明路桥镇即新安镇，又称路桥市。

寄吴县主簿刘全之

五云鸾凤集吴中，为寄双鱼问大冯。

灯火十年惊客鬓，江湖万里对晴空。

扶持道术君民计，摆落尘埃学问功。

外此秋毫非我事，低头饱饭各西东。

（录自《路桥志略》）

刘全之即刘允济，路桥境内刘氏始迁祖。

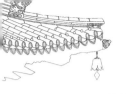

○ 南宋　严蕊（女）

　　严蕊，生卒年不详，本名周幼芳，南宋中期词人，传为路桥人。出身低微，自小习乐礼诗书，后沦为台州营妓，艺名严蕊。善操琴、弈棋、歌舞、丝竹、书画，学识通晓古今，诗词语意清新，四方闻名。淳熙九年（1182 年），浙东常平使朱熹巡行台州，因唐仲友的永康学派反对朱熹的理学，朱熹连上六疏弹劾唐仲友，其中第三、第四状论及唐与严蕊风化罪，下令黄岩通判抓捕严蕊，关押在台州和绍兴，施以鞭笞，逼其招供，"两月间，一再杖，几死。"严蕊宁死不从，说道："身为贱妓，纵合与太守有滥，科亦不至死；然是非真伪，岂可妄言以污士大夫，虽死不可诬也。"此事朝野议论，震动宋孝宗，将朱熹调任，改由岳飞后人岳霖继任。岳霖释放严蕊，问其归宿。严蕊作《卜算子》自述其志，岳霖判令从良，后被赵宋宗室纳为姜。词作多佚，仅存《如梦令》《鹊桥仙》《卜算子》3 首。

如梦令·桃花

道是梨花不是，道是杏花不是。

白白与红红，别是东风情味。

曾记，曾记，人在武陵微醉。

长街诗歌

以此息万缘，以此消六贼。

君不见水观月观成道人，尽向此门生妙识。

鹊桥仙·七夕

碧梧初坠，桂香才吐，池上水花初谢。

穿针人在合欢楼，正月露、玉盘高泻。

蛛忙鹊懒，耕慵织倦，空做古今佳话。

人间刚到隔年期，怕天上、方才隔夜。

卜算子·自述

不是爱风尘，似被前缘误。

花落花开自有时，总赖东君主。

去也终须去，住也如何住。

若得山花插满头，莫问奴归处。

（录自《二刻拍案惊奇》）

○ 南宋 杜范

杜范（1182-1245），字成之，号立斋·黄岩杜家村人，南宋嘉定元年（1208年）进士，端平二年（1235年）十二月，任监察御史，弹劾右丞相郑清之用师河洛，兵民死数十万。时蒙古军进犯江陵，建议沿江帅臣兼江淮制置大使，急调淮西宋军主力增援江陵，宋理宗准奏，江陵解围。淳祐四年（1244年）十二月，任右丞相兼枢密使，整肃朝纲，选拔贤才，驱逐史嵩之党羽。卒赠少傅，谥清献。著有《古律诗歌》等，后人辑成《清献集》。

挽刘监丞

一

诸老凋零尽，公胡不少留。

麈谈裁后进，山立俨前修。

逸馆休黄发，为邦付黑头。

瓯闽看蔽芾，有泪正难收。

二

奕世诗书远，三刘姓氏香。

乡评高宿望，里社借余光。

莲浦秋堂晚，松冈夜室长。

典型无复见，南望独凄凉。

（录自《路桥志略》）

刘监丞即刘允济，与兄允迪、弟允武号三刘，闻名当时。

○ 南宋 郑大惠

郑大惠，字柬之，号谷口，建山人，与叶适、杜范、戴复古为友。叶适等有赠诗。

题赵处温"洪洋义庄"
（断句）

月计簿书在两庑，岁积金谷排六仓。

郑大惠原诗已无法知晓，此断句出自《路桥志略》"赵处温"条目中。

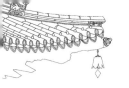

第二章 元代诗歌

○ 元 於初翁

　　於初翁，字循斋，路桥街人，与陆镗知州［至顺元年（1330年）］有交往。

偶成

坐石听松声，山扉夜不扃。

更阑灯火尽，月黑见流萤。

（录自《路桥志略》）

田家初夏

缲车声断雪盈箱，绿遍西畴水满塘。

深闭柴门鸡唱午，满篱蛱蝶刺花香。

回文呈云壑叔

楼对青松岩枕溪，饮瓢甘自乐耕犁。

秋江一雨暮帆落，赤叶枫林寒鸟啼。

（录自《路桥志略》《三台文献录·七言律诗》）

和龚元昌韵

庭花落尽翠成围，又怨东皇赋式微。

沙嘴鹭依芳草立，松头鹤带晚云归。

不思南国膏粱美，自爱春山笋蕨肥。

厌踏城阛守环堵，麟袍未必胜鹑衣。

和陆知州登方山韵

方山势压万山雄，别有乾坤紫气中。

两屐秋云苔径滑，一龛灯影竹房空。

峰回乱石连云起，江抱孤城与海通。

日落钟声催客去，马蹄踏碎落梧风。

（录自《路桥志略》）

此诗又见《三台诗录》。陆知州，陆锃，元至顺元年（1330年）黄岩知州。

○ 元末明初 方国珍

方国珍（1319–1374），黄岩县灵山乡塘下里（今属路南街道）人。元至正八年（1348年），与兄弟一道起义。十二年（1352年）六月占领黄岩城。十四年（1354）九月攻占台州城。十五年（1355年）攻占庆元（今宁波）。随后攻占温州。多次降元，元廷加爵为太尉、江浙行省左丞相，赐衢国公印。二十七年（1367年）九月朱元璋派兵进攻方国珍，乃降。赐第南京。卒后葬于南京城东玉山。

台、温、处树旗谣

天高皇帝远，民少相公多。

一日三遍打，不反待如何？

（录自明·黄溥《闲中今古录摘抄》）

黄溥《闲中今古录摘抄》："世间治乱有数存焉。且如胡元只任胡族为正官，中华人官佐二。到末年数当乱，任非其人，酷刑横敛，台、温、处之民树旗村落曰：'天高皇帝远，民少相公多。一日三遍打，不反待如何？'由是谋叛者各起。黄岩方谷珍因而肇乱，江淮红巾遍四方矣。"

○ 元末 李禹鼎

李禹鼎，字知白，元末黄岩人。

壬辰三月二十六日海寇再作七哀诗二首

一

曲学昧大方，小智乃妄作。

摇摇鼓顽矿，忍复铸此错。

包藏祸机深，销阻民气薄。

始焉仅滥觞，终乃不可药。

何当脔若肉，持以戒元恶。

二

帅君间世英，早魁天下士。

历历涉世故，有才备文武。

当官独持廉，许国恒以死。

平生疾恶心，晚节志逾苦。

深期海氛静，忠义极许与。

天胡不悔祸，赍恨遂终古。

悲来抚筌筷，有痛彻肝腑。

至正十二年（壬辰）三月（路桥）方国珍复叛，入黄岩港，泰不华战死，诗为是作。——绍翰附注。

（录自《路桥志略》）

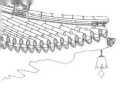

第三章　明代诗歌

<hr />

○明　戴瑞安

<hr />

戴瑞安，字文信，号樗巢，洪武间制科进士，任监察御史，出为四川按察司佥事，世居小塘岙。

答方指挥咏雪韵

塞北心何苦，天山志未休。

将军图报国，乘势射旄头。

妙方指挥：方礼，国珍长子。《明太祖实录》(卷八十七)："洪武七年春正月，壬辰（廿六），广西行中书省左丞方国珍卒。癸巳（廿七），以广西行省左丞方国珍长子礼为广洋卫指挥佥事。"

（录自《方城遗献》卷三）

<hr />

○明　胡璞

<hr />

胡璞，号符叔，太平人，胡琪弟。

方衙怀古诗

元统闻乌呼换帝，方氏兄弟相窃据。

叠桥之势如投鞭，叱咤风云此雄据。

谁料雄图变野花，行人空自悲豪华。

一自鹿入明天子，留得三衙与四衙。

（录自《路桥志略》）

三衙在泽库，四衙在石曲。方国珍兄弟排行老三，方国瑛排行老四。

○ 明 陈銮

陈銮，不详。其《错庵诗存》，洪洋西北有水通方家埭，蟠曲如龙，因作《水龙吟》曰：

水龙吟

天龙不在水，水龙不在天，

上天而勿用，不如仍在田。

真龙矫矫去不返，水底有龙未开眼，

龙兮龙兮果有灵，何必作此蜿蜒形。

（录自《路桥志略》）

此诗为吟讽方国珍之作。

○ 明初 包彝古

包彝古，名昶，以字行，号兰雪，石砰人，以明经荐修《永乐大典》，竣事授蕲水知县。上书请立建文君后，谪戍甘肃，有诗别其子。所著有《诗集》(《府志 – 孝义》《旧志》)。

别子诗

诸儿奉母归东浙，阿父从军渡北江。

只为圣朝家国事，百年骨肉泪双双。

（录自清光绪《黄岩县志 – 人物 – 忠义》）

○ 明 蔡荣名

蔡荣名（1559– ? ），字簸凡，路桥人(《民国黄岩县新志稿》《台州地区志》《黄岩志》)。一说黄岩人。

朱吉甫设帐路桥

越山南北有啼鹃，暗度轻云落暮烟。

尚白只应居寂寂，研朱漫诩腹便便。

芳春雪映牛衣色，壮岁人疑马帐前。

酒醉酒醒多忆尔，忽听风雨更凄然。

吉甫设帐刘尚甫（友）家

当日思吾子，凭栏总自愁。

春风来远树，积雪照沧洲。

倒屣人非蔡，燃藜阁是刘。

浑疑千里隔，不得见骅骝。

人日夜饮刘尚遐家 戏赠碧桃 其爱姬也

拚饮高歌月色新，狂来四座起轻尘。

百年事业高阳客，七日风光鄂渚人。

钟韵远连山寺暮，归云深锁野桥春。

碧桃不逐刘郎去，笑杀樽前漉酒巾。

（录自《路桥志略》）

○明 刘梦龄

刘梦龄，字尚遐，路桥街人，致中族弟，明万历七年（1579年）举人，官养利州同知（治今广西壮族自治区大新县北），去任时有《养利署中题壁》诗。

养利署中题壁

身入蛮烟瘴雨中，愧无德教抚侸僮。

惶惶敢食千钟粟，去去惟余两袖风。

拙政不曾除害马，留题聊复证飞鸿。

每逢正朔焚香告，幸得皇天鉴苦衷。

（录自《路桥志略》）

○明 刘庭瑗（女）

刘庭瑗，刘致中女，南栅人，善诗。

初夏即事

景物争传夏令新，深闺忘却送残春。

偶除半臂犹嫌热，惯蒸沉香别有神。

发为油黏梳不易，粉因汗透靥难匀。

端阳屈指无多日，好订金兰谱美人。

舟行同妹作

斜阳芳草晚凉天，远近楼台罩暮烟。

何处浣纱村妇女，羡侬姊妹是神仙。

咏柳

十里长亭漫拂尘，小蛮瘦损不胜春。

翩翩犹自风前舞，认得王郎是可人。

（录自《路桥志略》）

○明末 萧元统

萧元统，路桥街人，余不详。

哀李义士

原序：鲁王监国，螳臂蛙张，村老奋义，割赀赞襄。俄顷败北，远遁仓皇。获从侦骑，骈首法场。闻诸遗老，代为神伤，爰抚寸管，用志不忘。

明社已屋心未灰，犹称监国欲振衰。

覆巢遗卵事可哀，屡败之军浙东来。

车驾草草驻吾台，兵力不济气已摧。

伟哉村老起草莱，睹此景况遑计财。

愿纳余赀献行台，那知运会不重恢。

天眷新朝用意培，望风瓦解我马尵。

是时义士恐及灾，时迫势危泪盈腮。

弃置家室毋徘徊，率眷远飏海之隈。

未及匝岁惹人猜，侦骑缉获献罪魁。

服法荒郊身首开，遗种不许留赤孩。

吁嗟乎，魂魄渺渺谁服缞，至今腥血染尘埃。

义士名字不传，李氏谱亦未详其事，吁惜哉。——

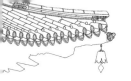

兆章附注。

（录自《路桥志略》）

鲁王监国：南明弘光元年（1645年）闰六月二十八日，在浙江余姚、会稽、鄞县等地抗清义军及官吏缙绅的扶持下，明鲁王朱以海监国于绍兴。路桥李义士，里人殷户，参与到抗清队伍中，因而牺牲。萧元统作此歌纪之。

第四章　清代诗歌

○ 清　刘汇

刘汇，字大勋，路桥街人。

同江宏庵（济）宿普泽禅寺

剪烛话僧寮，更深月始升。

阶空时吠犬，山隘有吟僧。

拥被迟三漏，论文仅一灯。

男儿尚意气，模楷藉良朋。

（录自《路桥志略》）

○ 清　宋世荦

宋世荦（1765–1821），字卣勋，号确山，临海人。乾隆五十三年（1788 年）举人，官陕西扶风等地知县。撰有《台族三录》《台郡小识》等。

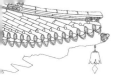

路桥

罾网村村挂，帆樯路路通。

桥拖虹影落，沙唷浪花融。

蜃炭涂墙白，渔舟簇火红。

蓬壶知不远，我欲趁长风。

　　路桥并无罾网，此必自临海至路桥一路，如廿五街等处，乃有罾网耳。——兆章附记

黄岩杂诗·路桥船

一回潮上一回鲜，紫蛤花蚶不计钱。

拨剌黄鱼长尺半，如飞摇到路桥船。

　　金清之泥螺、石首，较海门尤肥。是时金字山石坝未筑，城内鱼鲜皆由路桥去耳，见《智者别传》，六朝时已有此名。——兆章又注

（录自《路桥志略》）

○清　戚学标

　　戚学标（1742-1824），字翰芳，号鹤泉，泽国人。清乾隆三十年（1765年）拔贡，四十二年，掌教太平县城鹤鸣书院。次年，应聘至曲阜孔府任教。四十六年(1781年)中进士。五十九年任河南涉县知县，

在任 13 年，体察民情，治有政声。总纂《太平县志》，刊于嘉庆十六年（1811 年）。嘉庆十八年（1813 年），出任宁波府学教授，后历任杭州紫阳、崇文书院讲席。

石曲探花酬梅苏莘

报道麻姑玉蕊开，年年争发被春催。
得成蛱蝶寻花梦，贪听流莺驻酒杯。
美景只应诗客爱，殊方又喜故人来。
茶烟岩外云初起，半醉腾腾信马回。

路桥灯夜

遗事纷纷未寂寥，柘枝初出鼓声招。
谁家见月能闲坐，此去临流不是遥。
宝树楼前分绣幕，木兰舟上踏江潮。
诸郎宴罢银灯合，肠断春风为玉箫。

路桥观迎赛次韵

一

告赛闻青岳，连樯聚白枫。
仗过三市窄，骑到百神从。
箫鼓何曾断，楼台不计重。
春来醒醉眼，老兴未应慵。

二

百戏桥头聚，千金道上倾。
家家烧寿烛，处处搭春棚。
白马金羁络，红裙玉佩鸣。
繁华虽已甚，亦共幸升平。

（录自《路桥志略》）

从诗中可以看出清乾隆、嘉庆期间迎神赛会是从白枫桥开始向路桥街而来的。

○清　齐先觉

齐先觉，字任斯，天台人。

路桥看迎神赛会归而有感

土木被冕旒，形骸本虚罔。鬼物有凭依，精光昭肸蚃。
吾闻青帝神，名曰威灵仰。东岳乃其属，资生体乾象。
村居聚族稠，炊烟匝旷漭。金碧瑶甍开，牲帛竞荐享。
纷若巫觋驰，觥觫郁惝恍。卜诹将迎赛，四方尽负襁。
举邑人若狂，云集弥榛莽。婪尾春初过，首夏油云泱。
梅雨飘丝丝，引领期晶曭。倏忽逢开霁，神应皆去响。
百戏陈幻状，妖蛊妙非想。都卢肆趫捷，橦木走魍魉。
棘刺投母猴，绝技供心赏。侲童更翩翾，台阁玲珑敞。

罗纨装角觚，花杪坐乌幌。仙人骑彩凤，闲逸披鹤氅。

中黄发口口，口踽气獶犷。跳梁执犀渠，隅目耸高颡。

或为郁垒形，或为神荼像。逐队还分行，左右各两两。

谁戴方山巾，缓步身肮脏。次第列齐氓，执艺非一党。

杂贿拥比筒，联槅及陶旎。胁驱并弄丸，花女兼佮骝。

杂沓声涩口，形制恣模仿。德士和道流，持笏持钵杖。

驿骆互缤纷，骉駃驱鞯鞅。毕方多如麻，蔓延长盈丈。

幽囚何累累，拘挛同束缫。逐以母夜叉，押以法曹长。

重者斧锁加，其次将痛榜。社鼓声喧阗，吹竹复击壤。

十番似钧天，嘹亮出圆吭。浩如涛水波，隰原迷下上。

蛮口更纷裇，云鬟轻飘荡。华芝既高扬，羽卫排仙仗。

褖襹九斿翻，軿輷奋方攘。大路垂葳蕤，镶玉装金荡。

属车交緤猎，草木遥震荡。骈毕塞通衢，士女纷宕往。

昳貌互绣阡，间易连圠块。对此增轩渠，归来几拍掌。

神道古设教，八蜡伊耆昉。吴鬼与越巫，后世何惘惘。

过墟动悲思，入庙怀悒怏。人心本至正，感通有精爽。

胡为愚昧民，颠倒束尘网。敬神尤当远，愿以圣言广。

（录自《路桥志略》）

○ 清 李诚

李诚（1778-1844），石曲人，早年爱知于阮元、

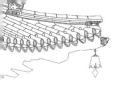

刘凤诰，任云南新平、顺宁知县，主纂《云南通志》，编有《十三经集解》260 卷，《水道提纲补订》28 卷，《万山纲目》60 卷等。《清史稿》有传。

春夕

寂寂春宵永，危楼漫不扃。

短灯才照日，斜雨忽穿棂。

四壁琴书古，三更蝶梦醒。

怡然饶别致，起坐读遗经。

拟郭景纯游仙诗

众峰薄浮云，环列耸翠崿。

红生石磴泉，芳菲足盬渥。

卓哉倦游人，结庐超大觉。

启窗招清风，焚香舞鸣鹤。

非无席上珍，而有全真璞。

兀坐与天通，讴歌自悦乐。

风定石潭清，仰观无纤翳。

山空人语绝，日暮重关闭。

栖息求神仙，形骸半凋敝。

南山骇龙吟，北流惊虎噬。

阴阳归吾庐，冥然忘身世。

回首蓬莱山，存亡两无系。

屋角升朝暾，豁然东南开。

阳光周九万，照耀金银台。

一轮磅礴处，寰宇无尘埃。

洪崖倚云叫，广成相追陪。

曲江有翔乌，俯仰鸣且哀。

岂乏黄金屋，携手赋归来。

有怀终南山，斗牛任徘徊。

（录自《路桥志略》）

○ 清 朱璜

朱璜，号黼堂，黄岩人。

送李静轩（诚）之官滇南，请假旋里

我年十八侍尊公，与君款狎年时同。

童试冠军迭雄长，偕升上舍游黉宫。

一自庚申领秋荐，南北分驰希觌面。

忽忽驹阴二十年，京华握手重想见。

承君不弃课诸儿，两年日夕常追随。

红雨倾谭间论史，青灯分座夜吟诗。

只为名场久困蹶，牛刀割鸡甘小试。

自古才人州佐多，而君万里滇南莅。

连云石色上遮天，殷地江声到客船。

攀藤路险邮程远，风雨关河应自怜。

不知男儿志远到，击楫澜沧恣笑傲。

千色花光岁暮鲜，百音禽语清晨噪。

对此应令羁抱蠲，一双凫舄去飘然。

独担瓢笙与芦笛，舆歌交颂使君贤。

愧我闲官涸人海，冰丝青鬓年年改。

旧雨天涯骤判襟，纷披离绪真千倍。

赠子王祥故佩刀，愿君曳履星辰高。

报最他年遥入觐，相逢泥饮倾芳醪。

君今省亲请给假，骨肉团圆万福迓。

为数征衣再着时，江南二月莺花姹。

（录自《路桥志略》）

○ 清 蔡涛

蔡涛（约 1785-1837），原名人麟，号少海，邮亭前蔡人，诸生。早年受知浙江学使阮元、刘凤诰，为诸生抱不平，流放陕西。天才隽逸，尤工于诗。著有《天香楼诗存》《燃藜阁诗钞》《山海经汇编》《戍秦纪程集》。

欲雨留尉三

握别今何遽，东风送早潮。
云横神女庙，雨过福星桥。
小市分鲑菜，高楼倚玉箫。
酒阑还舞剑，莫厌晚萧萧。

"神女庙"：尉三居近龙母祠。"福星桥"：一名蔡家桥。

普泽寺赠林公

大人山下寺，水木最清华。
白石香厨饭，青莲阐士家。
点汤寻芨菇，钉果摘枇杷。
特问三乘义，新诗莫罩纱。

踏青自普泽寺至南山

路入青山步步迷，野人家在小桥西。
前宵初过社翁雨，油菜花残麦欲齐。

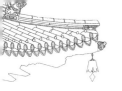

圣水寺夜坐寄林公

气味萧然丈室清，劳人此夕定心旌。

千年古树涛声壮，万里寒宵海鹤横。

苦自钻身求热恼，何当撒手得空行。

武陵遍地无人会，梦里崎岖觅化城。

冷华云席上话丁巳岁洪潮

云凭凭，风冥冥，

青天白日斗雷电，空中飞下双神灵。

海滨多怪物，言之口欲吃。

东溟之水上天去，其声洪洪喧远处。

丁巳七月十七之清晨，东北黄云薄飞絮。

日暮黑气海上来，千乘万骑驰骤争喧阗。

潮头高似山，中杂火点红斑斑。

卷人吞地落海去，翻送蛟龙居人间。

新安去荡四十里，风刃雨箭射人当之无不靡。

水色连天满天红，潮头角立斗北风。

空中神物咿嘤鸣，更有铿锵触甲兵。

大人小儿一齐伏地不敢声，连舍广厦岌岌如欲倾。

此时上帝鉴惨蹙，哀哉海隅百里尽沉溺。

便驱云龙海中归，雷公夜半收霹雳。

开门视天见天高，南风吹晴风飚飚。

登楼望水水壁立，鬼火燐燐闻鬼泣。

新安水头三尺半，荡中水头高无算。

明朝买舟吊溺死，

高不见青山，远不见涯涘，

但见洪浪茫茫滚滚尸浮水。

舟人得双鱼中有青葱指，

更闻邻舟获长鲔，烹之乃有小儿耳。

呜呼，天地本至仁，忍将人肉飨饥鳞？

人言大数不可避，凡我荡人命如寄。

只今秋夏之交北风起，荡人空屋而奔哗叫洪潮至。

丁巳，指嘉庆二年（1797）。

别妻

二十年来贫入骨，四千里外老从军。

不知此去因何事，仰望青天问白云。

妻孥此去真为累，泪尽樽前撒手行。

寂寞马头山下坐，一钩残月夜潮生。

寄妻

绿丝声里一灯留，别后时时梦小楼。

壮海云涛当昼永，空山风雨闭门秋。

归来宝剑无青眼，误入园扉竟白头。

明日不须向西哭，三年樽酒话秦州。

（以上录自《路桥志略》）

○ 清　王玉贞（女）

王玉贞，字秀娥，兆桥西王贡生王培槐之女，王培槐闻蔡涛名，将女儿嫁给蔡，并赠书数万卷。夫妻恩爱，蔡涛流放，玉贞送至临海马头山。误闻蔡死，殉情而死。著有《尔宜斋诗》一卷。

寄妹

寒宵如水碧云空，蓦向西楼听断鸿。

廿二年来今夜月，一双孤影忆西东。

赠外二首

隔墙梆子打三更，缓步回廊月正明。

底事醉人扶不醒，低声枕畔唤卿卿。

闲心一片陇云低，细雨纷纷听暮鸡。

依是病躯留不住，留郎不住向郎啼。

赠外绝笔

病势今如此，多应不得生。

梦闻前世事，诗订后身情。

九月鸳鸯牒，三生文字盟。

知君他日泪，有女渐盈盈。

（录自《路桥志略》）

《路桥志略·列女》："王玉贞，字秀娥，归蔡涛，能诗，有《尔宜斋诗》一卷。涛以道光甲午戍秦时，作诗寄别云：'络丝声里一灯留，别后时时梦小楼。壮海云涛当昼永，空山风雨闭门秋。归来宝剑无青眼，误入圜扉竟白头。明日不须向西哭，三年樽酒话秦州。'"

○ 清 吴英樾

吴英樾，字子略，号西桥，湘阴人。道光三十年至咸丰二年（1850–1852）任黄岩县知县。吏治精悉，

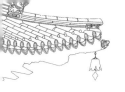

律身廉介，一以爱民为心，洞革积弊，听断以情，蠹书奸豪一时屏息。辛亥冬海寇突入海门，纵火肆掠，黄民汹汹，英樾率民及镇兵分城防守，早夜巡警。海门民哗将入城，单舆出谕，赖以安堵。咸丰二年（1852年）正月卒于署。巷哭载道。

岁暮乡征寓居岳庙时奉迎老母未至感赋

早夜思归畏简书，残年萧寺寄僧居。

寒宵自课催租吏，秋日曾分调水符。

守拙阳城甘下考，事人柳惠失前车。

关山直北霜兼雪，况复崎岖奉板舆。

（录自《路桥志略》）

岳庙，指路桥东岳庙。

○ 清 林孔哲

林孔哲（1821-1900），字遐村，原住石曲下包，后迁新桥北村。他兼善音乐医术。农民有病，亟往诊治；乡间演戏，常登台与鼓乐师一道吹奏。农民均爱戴之。

宿普泽寺

一榻千峰里，贪凉置殿隅。

晓眠偎细簟，晚饭出香厨。

地僻山飞动，僧稀佛有无。

村人邀再宿，具黍意区区。

（录自《路桥志略》）

○清 杨友声

杨友声（1824-1890），路桥河西人，杨晨父亲。

大雪

天工有意眩奇谲，粉碎玉山飞玉屑。

长风送入大荒东，吹满中原作瑞雪。

铺山卷海白茫茫，万里寒风冻溟渤。

百丈溪痕取次填，未辨长碑与短碣。

琼瑶倾泻裂芭蕉，穉竹梅花转愁绝。

西陲此际正戎兵，压阵朔风冰入骨。

边城老将苦耐寒，目断闺中远离别。

安得破蔡李将军，风雪五更擒草窃。

诘朝奏凯大军还，免使征人衣冷铁。

呜呼！丈夫意气在封侯，寇垒烽烟眼中血。

拔剑斫雪雪仍飞，雪影自寒肠自热。

我今痛饮且高歌，雪里金樽凹复凸。

丁亥（光绪十三年，1887 年）岁凶，沿海苦涝，告官贷赀，运粟平粜，吏杂伪银，质产偿之。

（录自《路桥志略》）

○ 清 黄鐫

　　黄鐫，字世清，号云海，南栅人，嘉庆、道光间廪膳生。有至性，言规行矩，读书务穷义理，经史百家，无不究心，一返诸躬，力求于己，潜心深造，沉默寡言，安贫乐道，不慕荣利。为诗清醇悱恻，能自达其性情，其文悉中诸理，粹然儒者之言也。卒年五十一，著有《深诣斋文》五卷，诗五卷。杨晨《登文昌阁》诗："经学静轩传世业，儒宗云海树风标。"王咏霓谓"所评《史》《汉》，丹黄烂然"。

登文昌阁

残劫生斯土，春风创画楼。

地形阑北市，望眼隘南州。

草窃烽旋熄，湾环水自流。

仍怜戎马客，能为一方谋。

（录自《路桥志略》）

○ 清 刘金河

　　刘金河，号心莲，路桥街人。

题王小林明经彝经堂诗集

落落骚坛负盛名，屹然诗律等长城。

一枝老笔纷披处，大将挥戈夜斫营。

（录自《路桥志略》）

○ 清　蔡国棠

蔡国棠，字憩侯，路桥街人。

人尖晓日

群动犹梦梦，人尖已独醒。

林吞孤月白，露洗半山青；

野鹤巢先曙，天鸡唱可听。

亭亭真玉立，品物递流形。

（录自《路桥志略》）

○ 清　蔡燕荪

蔡燕荪，字子绥，号申甫，石曲人，蔡垚子。富而好学，咸丰辛酉（1861年）拔贡，同治九年（1870年）庚午举人，考取八旗教习，以丧子不赴各乡教授，

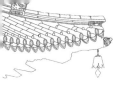

月河吟社社员，著有《盟水斋诗草》四卷。与族弟蔡
篪同选辛酉拔贡，时称二蔡，才命亦相似焉。

梦游大人山行

大人之山何崔嵬，青蓬万丈云中开。

幽崖绝壑世罕到，平生此梦亦奇哉。

仙人麻衣皎如雪，捉臂飞行如电掣。

万壑泉声耳畔过，千峰树色眼中瞥。

云气塞口吐不得，耸身訇然出岩穴。

九夷百越罗指掌，十洲三岛互明灭。

眼前神鬼纷吓人，溪清欲渡苦难越。

故径停足倏已无，狐嗥一声竖人发。

忽然一坠若断梗，松阴冥冥石气冷。

蝙蝠如轮扑面飞，侧身摸索坐废井。

艰难乍得出深暗，举头已是来天半。

晓日当空赤若盘，仙掌明珠何璀璨。

两腋清风习习生，猿猱见我先逃窜。

玉女笙歌鹤唳清，金仙袍笏云容烂。

欲行不行心愁吁，欲留不留意踟蹰。

转眼迷离失万象，白昼打门霜叶响。

登大人山晓望

旭日瞳瞳照眼明，天鸡吹下五更声。

云开岛屿成图画，海阔鱼龙起战争。

天子只今方用武，西南群盗敢横行？

登临不少苍茫感，匣剑腰间莫自鸣。

赤城霞气拍天浮，瑞霭重重遍九州。

几日暖风催候雁，满江春水动渔舟。

烟销盖竹如新沐，石冷天台记梦游。

有此故乡好山水，一回吟望一搔头。

（录自《路桥志略》）

○ 清　周省三

周省三，黄岩人。

新安杂咏（十四首录六）

灯青酒绿夜迢迢，饭后抛书散寂寥。

闻道五桥风景好，主人月下解吹箫。

"五桥夜月"为新安八景之一。

　　惢惢买醉出河西，策杖登楼万绿齐。
　　野旷天高凭指点，落花飞絮满前溪。

登河西"望后楼"。

　　河水清清落日黄，考亭遗址已茫茫。
　　居民不识甘棠树，让与山僧作道场。

今"河西堂"即"朱子祠"旧址。

　　拾芥群儿羞说项，抱经遗老独依朱。
　　相逢何必深相避，我亦高阳旧酒徒。

　　陈咸非先生嗜酒率真，年七十，独居河西，自号
"依朱叟"。

普泽清泉

　　山门迤逦访空门，山下寒泉一掬香。
　　到此尘心浑欲洗，濯缨何用问沧浪。

　　　　　　　　　　　（以上录自《路桥志略》）

○ 清 徐立群

徐立群，松堂人。

福泉亭

小序：亭在人峰之麓，左近普泽禅院，里人金植槐等集资创建，仅有数椽以蔽汲泉者旸雨。其泉自岩罅出，味极甘旨，供路桥一镇之需，解渴止烦，受福不浅，宜乎！子藜刘君以福泉名其额，非虚语也。寒家距此不三里，每逢佳日，策杖往游。凭高远瞩，则路桥、石曲宛然在目，真胜地也。黄子杏村曾有诗题亭上，勉和四律，他日是作雪泥鸿爪观耳。(《凤阳徐氏宗谱》)

一

贳得旗亭酒百壶，座间论齿我称孤。

泉流岩罅涟漪见，源溯云根曲调无。

漱口甘于汉殿井，赏心境拟惠山图。

胜游记取清明好，序次何拘钓与屠。

二

藤蔓于今割断壶，羁囚身世孰怜孤。

凭高望远襟怀爽，斗韵谈诗机械无。

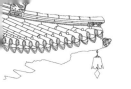

岚黛有情成画本，河山如绣巩皇图。

从来豪杰皆贫贱，莫笑陈平是宰屠。

（录自《路桥志略》）

○ 清　刘泳

刘泳，字子黎，路桥街人。

路桥冶春词（二首）

一

莫教打鸭恼鸳鸯，彩凤随鸦剧可伤。

洗尽人间脂粉气，生来原有美人香。

二

上元箫鼓日初斜，结伴嬉春笑语哗。

姊妹行中谁第一，红窗临水是侬家。

（录自《路桥志略》）

○ 清　方文翰

方文翰（1827-1881），号樨园（西园），石曲方氏十一世，诸生。性孤介，不随俗俯仰，而周旋二亲

长街诗歌

间，能得其欢心。善书画篆刻，每见人所藏名画秘册，辄手自临摹。中年好医，屏去所习艺事，取灵素及张李四家书，口诵心维，必熟乃已，然不轻为人医，人亦罕知之者。

饯春词

金谷园中醉月时，光阴荏苒动相思。
游人不解春将老，拍案高吟饯别诗。

子规啼罢雨绵绵，小立闲亭思悄然。
底事留春留不得，一樽空向落花前。

绿阴透处嫩红稀，有脚阳春暗里归。
寄语东风莫吹急，留将宿艳伴斜晖。

绿满天涯路几程，萋萋芳草动离情。
黄鹂也解伤春意，绕树频啼三五声。

曾向章台订旧因，谁知亭院又辞春。
和风细雨频开甕，流水残花易惹心。

（录自《石曲方氏宗谱》）

○ 清　谢德荫

谢德荫，清末民初人，路桥谢家里人，谢士骏父。

萸囊

晓折茱萸盛一囊，重阳诗兴倍端阳。

不详被去穷途恨，好句藏来古锦香。

遥忆弟兄悬肘后，醉看亲友佩身旁。

明年此会如相遇，还倩奚奴负到忙。

重阳糕

高会筵开九九秋，盘中肴馔尽珍羞。

美人手段曾留浙，名士才情肯让刘。

新样花纹开卦昼，合时食品佐糟邱。

五经虽未题糕字，入韵何妨自我收。

（录自《亦乐园诗草》）

○ 清 李汝橙

李汝橙，字东苑，路桥街人。

重阳

霜点枫林景可嘉，白云深处见停车。

参军岂惜乌纱堕，工部频惊短鬓斜。

岁月关心空潦草，烟霞满眼总虚花。

龙山跃马君休问，一任西风野兴赊。

（录自《路桥志略》）

除夕

旧事新愁感慨余，剧怜时晏孰华予。

图书跌宕悲年迈，灯火青荧报岁除。

半世壮怀悲伏枥，卅年榆景付闲居。

朝来都把痴呆卖，买得春风满敝庐。

（录自《路桥志略》）

"是亦园"唱和

　　蔡氏是亦园在石曲。蔡尧家颇富，于所居南傍水构屋，种花满畦。其子燕荄，孝廉，好客能诗，亦擅一时之胜。

　　是亦园所在之地在南官河与逍谢泾交汇处，旁河建有枕泉亭。蔡燕荄《枕泉亭下作》：

芙蓉照水开，自弄娟娟姿。

红情与绿意，摇漾盈芳池。

翠鸟夏然来，隔叶时相窥。

游鱼亦多情，出没尾参差。

对此惬幽赏，呼童具酒卮。

欲与花为徒，骨俗犹自疑。

花如解人意，弄影临清漪。

舍睇动人怜，不语动人思。

颓然不觉醉，明月动罘罳。

　　一个春天，蔡燕荄游自家园林，作《是亦园春日》诗：

绕岸新栽竹数竿，竹阴浓处倚阑干。

小亭日暖花初放，时有游人竹外看。

一帘花影压重重，连日寻芳梦亦慵。

醉后不知佳客去，隔林又打夕阳钟。

广泛征求游客和诗。收到众多和诗。本地有白枫叶汝封（桐斋）《题是亦园和韵》：

世事谁能引手援，高情独羡子山园。

物华自适乾坤趣，人境都忘车马喧。

品月何妨琴叠韵，吟风不厌酒盈樽。

避秦信有桃源路，可许渔郎涤旧痕。

本街刘金河（心莲）《题是亦园和韵》：

十笏庭中净绝尘，阑干迤逦便栖身。

阶前绿上苔侵屐，墙角红稠艳压巾。

莲满小池新结社，竹围古屋旧留宾。

近来消息无人问，料想盆梅又报春。

外地有杭州陈元鼎（宝庵）《游是亦园和韵》：

捷径终南谢岳援，家居小筑亦名园。

赏心自寄琴书乐，俗耳难容筝笛喧。

对户岚光开画帧，入帘花气扑吟樽。

此中日涉真成趣，印遍阶前碧藓痕。

宦辙惭余逐软尘，湖山何处乞闲身。

来随西涧吟香屐，醉脱东篱漉酒巾。

看竹子猷忘问主，撒茅士行爱留宾。

无缘得共巡檐笑，辜负梅花一树春。

天台李国梁（朝梧）《游是亦园和韵》

如君潇洒出风尘，泉石烟云偶寄身。

坞外梅开添谢藻，瓮头酒熟漉陶巾。

蹴花燕至寻新垒，看竹人来认旧宾。

我亦卜居西涧畔，平分造物一般春。

临海张岱（石田）《游是亦园》（用五仄体）：

昔我至石曲，胜境羡窈渺。

及我接蔡泽，轶俗抗物表。

大器不可限，德义乃素饱。

广宅果旷廓，粹洁睹镀沼。

一水甚潋滟，万卉极缭绕。

岸嘴挺独鹭，石罅耸翠篠。

地主重友谊，酌酒到介绍。

转瞬越十载，短梦尚欲绕。

此境总在目，结契未肯了。

莫谓斗室小，雅趣孰共晓。

只此可日涉，是亦浊世少。

（以上录自《路桥志略》）

临海宋瑱（听石）《是亦园集苏》：

暗香先返玉梅魂，思与高人对榻论。

鱼钥未收清夜永，招呼明月到芳樽。

夜来雨洗碧赞岏，云汉无声转玉盘。

无数云山供点笔，为君四面竞求看。

（录自《黄岩集》）

乐清蔡保东（子厘）《和蔡博轩丈韵》：

鲤对同陪步后尘，花阶亲谒宰官身。

烟云闲读王维画，风月斜披郭泰巾。

座上清谈挥尘尾，壁间佳句润龙宾。

雁湖源与苍溪合，临水梅分两岸春。

（录自《是亦园题咏》）

石曲方氏（不著撰名）

"石曲六景"诗

石曲渔唱

扁舟横石曲，渔叟泝轻波。

不作沧浪唱，惟传欸乃歌。

数声烟对远，一棹水云多。

更得鲈鱼好，桥边载酒过。

亭屿书声

策杖过林东，书声度晚风。

一灯人静后，数卷月明中。

韵入疏钟朗，音流别院空。

至今亭屿畔，桂树发新丛。

青阳春景

寻春何处见，恰遇在青阳。

草带堤边绿，莺梭柳外黄。

野犁残雨断，泛水落花香。

况值升平乐，同游化日光。

白峰秋色

秋色从西至，清华溯白峰。

长街诗歌

风鸣三径竹，月冷几株松。

红叶妆新景，青山改旧容。

停车犹未晚，坐爱兴何浓。

竹坡仙迹

乘鹤何年去，真人不可逢。

偶然寻竹迳，犹得访仙踪。

石想丹砂染，坡留碧藓封。

千秋遗迹在，个影覆重重。

松崖琴趣

谁知深树里，善鼓伯乐琴。

一曲弦挥手，三更月满林。

高山传雅奏，空谷有知音。

自得悠然趣，松声夏远岑。

（录自《石曲方氏宗谱》）

长浦朱氏（不著撰名）

"长浦四景"诗

长浦通流

谁凿修渠缵乘功，迎潮接汐水冲瀜。

涨来铺就千寻练，漓去如弹五韵桐。

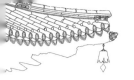

越浪群鸥浮泛泛，随风小艇走葱葱。

可知青岸户庭簇，定情泉流万古通。

双池夹院

园沼双双护翠丛，深幽禅院是瀛蓬。

波心分印天边月，水面争迎屋际风。

咫尺鱼行两处乐，徘徊僧悟一般空。

明明前后齐张镜，不许尘埃到个中。

竹径风凉

修篁夹道郁青葱，引得轻飙扇不穷。

农农陵云龙欲化，翩翩扫月凤思翀。

时逢长夏几忘暑，恍到广寒别有空。

遂许披襟成久坐，筛金戛玉最玲珑。

石桥晓月

谁促金乌跃海东，灵光早向石桥灯。

烟浮岸上云舒锦，纹起波心练常红。

人傍凉亭迎煦煦，目驰壶峤望瞳瞳。

总缘五色一轮满，长浦朝朝驾彩虹。

此诗多假字，亦不知何代所作，照录于此。文劭。

（录自《石曲方氏宗谱》）

第五章　清末民初诗歌

月河吟社和月河诗钟社

月河吟社，清咸丰十一年辛酉（1861 年）秋，在镇东庙成立月河吟社，提倡者为杨友声、蔡篪，附倡者有蔡燕綦、杨晨、王咏霓、王翰屏、刘子黎、徐梦丹、谢德荫、陶赞尧等，推蔡篪为社长。蔡篪《写经堂诗文钞·刘子黎诗序》："辛酉之秋，曾约同人举'月河吟社'，社凡月一集，择良辰美景，胜地可人，痛钦剧谈，占题斗韵，且甲乙之。"大概在太平天国战争后期，太平军进入台州黄岩后，因王翰屏为太平军所掳，杨晨考中举人，入朝考入内阁中书，蔡篪到临海任东湖书院山长。诗人分居各地，吟社活动中止。

后来任重（举人、孝廉），复举"月河诗钟社"，社员有於猷、谢士骏、陈睿、张高恩、徐兆章、应祖耀、蔡恺、徐梦丹、杨绍翰等，实际上诗钟社的人还有许多，不止这些人，从马来西亚华侨管振民和亦乐园诗中说到自己与谢士骏同社，可见亦是诗钟社社员。

　　诗钟是古代文人的一种限时吟诗文字游戏。大约出现在清嘉庆、道光年间。诗钟限一炷香功夫吟成一联或多联，香尽鸣钟，所以叫"诗钟"。诗钟吟成，再作为核心联句各补缀成一首律诗，游戏结束。月河诗钟社的成立，已是北伐战争之后，社会经济相对稳定，路桥已是较为繁华镇市。诗钟社于每月十六日集中，轮流会餐，轮到即为主人，在家中设席。这些文人雅士聚在一起，经常唱和，留下许多宝贵诗篇。

　　月河诗钟社社员会聚在社长任重家的"读书楼"中赏月。有诗钟社社员张珂提及任重。

○ 清末民初　张珂

　　张珂，字子珏，白枫人，青阳张氏第二十三世，光绪三十二年创办文明小学。有诗四十多首载于《青阳张氏宗谱》。

明月篇示社兄任心尹

一轮明月丽中天，质本团圆不稍偏。

只为地球渐遮掩，世人指称上下弦。

譬彼陈宫分破镜，两地相思各半边。

妾羞憔悴照菱花，郎怨寂寞对婵娟。

一日不见如三秋，一夕不会如三年。

此情此景谁堪说，戍妇征夫愁欲绝。

近则可比牛与女，鹊桥几度伤别离。

远则可比参与商，关山千里阻归辙。

吁嗟乎，月轮圆缺无穷期，红颜白首谁相知。

但愿清光三五夜，读书楼上共吟诗。

（录自《青阳张氏宗谱》）

○ 清末民初　蔡簋

蔡簋，字仲吹，一字竹孙，路桥邮亭墙前人。清咸丰十一年（1861年）拔贡，工诗、古文，主讲东湖、广文、樊川各书院，著有《写经堂文》一卷，骈文二卷，诗四卷，词一卷，善篆刻草隶，参与分纂《黄岩县志》（咸丰至光绪部分）。曾被誉为"台州五才子"之一。同治六年（1867年）举人，授教谕，未仕卒，年三十八。

子绥读书悟空亭诗以寄之

一

诸公衮衮筹边务，晓角霜天战马骄。

何似先生此高卧，白云红叶掩吟寮。

二

卷幔山光刮眼青，高梧穉竹立亭亭。

一灯记话潇潇雨，如此秋声不可听。

观钱王铁券歌（限歌韵）

柳营蜥蜴谣睡魔，纥干山雀栖无柯。

金瓯瓦裂如戏埸，坐见荆棘荒铜驼。

天目真人夜枕戈，万弩突射钱江波。

擒巢戮董持太阿，临安半壁手自摩。

帝思厥绩嘉汝多，表文特撰昭谏罗。

三百卅字言不讹，铭彝镂牒无蹉跎。

开门节度消侧颇，直与带砺同山河。

神物忽化陶家梭，珠沉璧碎随曲涡。

十斛珍重渔人驮，文刓半角犹可哦。

英雄事业电影过，铮铮健骨铁不磨。

吾台旧迹传崇和，子孙什袭靡有佗。

一砖宝正埋烟萝，得此亦足供摩挲。

开函审视争目搓，赤文绿字蟠蚪蝌。

古色斑驳双黛螺，神光上烛百灵呼。

名驹宝带鬓已皤，镀金铸塔供曼陀。

归来缓缓唱踏莎，华堂夜醉屡舞傞。

长街诗歌

粉盘警枕理则那，表忠之观何峨峨。

令我怀古涕泗沱，还乡三节且莫歌。

钱王铁券,元末在今峰江街道打网桥被渔民网得。

野庙

野庙枕山麓，横斜一亩宫。

荒苔秋涩雨，古树夜屯风。

箫鼓村巫赛，杯盘野老供。

题楹谁恶札，四壁走蛇龙。

冷泉亭

山行忽闻钟，遂造招提境。

雪窦喷飞泉，娟然一何净。

高轩两楹敞，结构颇明靓。

蔚蓝涵远天，中有孤月浸。

散作琴筑音，泠泠静堪听。

活翠沾衣裳，一泻诗脾沁。

峭立生暮寒，禅房答清磬。

（以上录自《路桥志略》）

○ 清末民初　王咏霓

　　王咏霓（1839-196），字子裳，号六潭，兆桥（今属椒江区）人。清光绪六年（1880年）进士，授刑部主事，历官凤阳知府。清末驻法国、德国、意大利、荷兰、奥地利等国公使随员。月河吟社社员，著有《涵雅堂集》。

偕同人登人峰分体得五古

　　呼朋跻层巅，抠衣发奇想。

　　遥天见群峰，列眉何朗朗。

　　浮云从西来，关河气苍莽。

　　东海扬洪波，日夕相鼓荡。

　　炊烟生人家，怪石立俯仰。

　　萧萧征雁鸣，深林出幽响。

　　对此发浩歌，悠然悟众象。

寄蔡竹孙四叠前韵

　　裴𫗦苏秦去复回，釜鱼尘甑不曾开。

　　钻甘自笑吾家李，止渴虚悬道上梅。

　　万里侯封空虎穴，一钩弓影误蛇杯。

昨宵梦境荒唐甚，又向中原杀贼来。

无礙山东李白狂，百篇诗酒剧钩强。
郡推江蔡今名士，家住飞凫古有乡。
种栎幸逃斤斧伐，落梅清入梦魂凉。
箫声吹市浑无赖，始信吴儿是木肠。

蔡竹孙（蔡篪），路桥邮亭前蔡人。

赠陶葵友（赞尧）

十日不相见，高斋今又来。
狂吟忘作客，樽酒喜重开。
时局如儿戏，扶持仗异才。
君看烧尾宴，应有禹门雷。

夜月寄刘子藜（乙然）

今夜清光好，天涯文字孤。
客愁刚见月，世乱耻为儒。
大地尚荆棘，浮名起钓屠。
寄言刘子骥，善保百处躯。

赠吴心香

宦海趋庭久，归来只一琴。

闽中好山水，之子有清音。

疾俗无软语，狂谋托醉吟。

平生照肝胆，郑重故人心。

之子远行日，骊驹那忍闻。

天台万山月，剡曲一溪云。

作客迁贫贱，离居孰论文。

行当奋健翮，一顾出鸡群。

路桥冶春词（十首）

江乡烟景最清和，裙屐风流擅月河。

留得冶春诗句在，不须重唱竹枝歌。

路桥流水日潺潺，刻意寻春兴未阑。

妙智寺西斗草去，石棋盘下踏青还。

宿雨朝烟长绿茳，水旁鸂鶒亦成双。

鸦鬟十五太娇小，自荡碧波乘画艭。

竹桥寒食尽销魂，故里杨娃今尚存。

说与刘郎倍惆怅，大人山北女儿坟。

是亦园东柳似烟，嬉春女伴正芳年。

鸦头新样鞋帮窄，两两行来绝可怜。

前度绿波留别处，去年人面倚门时。

桃花流水依然在，便是崔郎七字诗。

得胜桥头旧战场，遗艇春蚀土花香。

庙门斜日灵旗动，时有游人来进香。

鹤泉门第半凋零，苍水犹留问字亭。

谁与台南传耆旧，可令覆瓿视玄经。

得月空亭倚夕曛，一池春水似烟云。

墨花零落人间遍，不见山阴王右军。

金碗千春断粉香，玉鱼旧事费评量。

酒阑却唱襄云曲，肠断当年陈四娘。

（以上录自《路桥志略》）

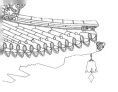

○ 清末民初　杨晨

杨晨（1845-1922），路桥河西人。清同治四年（1865年）举人，光绪三年（1877年）进士，授翰林院庶吉士、国史馆协修。十年（1884年），考取御史，十一年（1885年）任顺天乡试同考官，十四年（1888年）六月补山东道监察御史，转河南道监察御史，八月充顺天乡试监试官；十九年（1893年）补江南道御史掌四川道；二十年（1894年）会试充监试官，八月擢工科给事中；二十一年（1895年）充会试同考官，二十三年（1897年）监顺天乡试。是年，母卒，杨晨辞官归里，遂不复出。光绪二十四年（1898年）三月，杨晨创办越东公司，三十年（1905年），添置永江轮，航行台沪线。著有《三国会要》《路桥志略》等著作。

右军墨池

右军书法天下奇，至今到处传墨池。
一勺源泉岂足道，千秋品概真堪师。
晋人清谈成祸水，斥除虚诞有深理。
殷浩好名何自夸，王述庸愚诚可鄙。
誓墓归来且纵游，东州山水穷清幽。
天台眺望松门近，胜迹居然此地留。
我亦临池惭懒拙，摩挲片石钦名节。
况复题诗有赵王，遂令古刹称三绝。

登岳庙三层楼

百尺高楼气象新，此间风物最宜人。

笋舆箬舫争祈社，近水遥山迥出尘。

傍海鱼虾开晓市，平畴秔稻遍通津。

年丰且享清时乐，佩觿还期里俗醇。

（录自《路桥志略》）

登文昌阁

杰阁峥嵘傍斗杓，使君当日此停轺。

双峰山映三汊水，十里街分五道桥。

经学静轩传世业，儒宗云海树风标。

我来花外扶筇立，喜听书声满绮寮。

（录自《路桥志略》）

○ 清 王苕玉（女）

王苕玉，杨晨室。

古意

猗猗兰芷芳，渺渺湘江水。

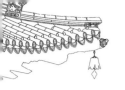

无人亦自香，寂寞西风里。

夕梦涉微波，明月共千里。

（录自《路桥志略》）

○ 清末民初 李嘉瑛（女）

李嘉瑛，杨晨继配。

古意

人道海水深，不抵痴情半。

海水尚有涯，痴情杳无畔。

夜夜枕簟寒，日日肝肠乱。

人心匪金石，岂能长留恋。

春闺别意

春柳依依绿似烟，深闺攀折最可怜。

忧思恰共潮生落，别恨长同月缺圆。

树密重遮乡国杳，山高似与暮云连。

莺啼燕语浑无赖，辜负韶光又一年。

小病初愈口占

数点梅花插小瓶，强留玉貌待新春。

幽窗独坐怜清影，斜拔玉钗记月痕。

春日独坐有怀

情牵数地恨无边，独坐春闺刻似年。

愁叠恐教云鬓改，夜长怕见月光寒。

李淑人字颂玉，号雅琴，汉阳人，妙有德容，为父李佛笙太守所钟爱，择偶甚苛。孙淑人卒，伯岳琴西先生为余聘焉。甲戌赘于金陵，唱酬极乐。未几入直中书。丁丑春迎入都。余得馆选，始挈以归。事亲教子，戚里咸称誉之。庚辰春复，相将入都词林。俸薄长安，本不易居，虽赏花玩月，自饶风雅，而时有典衣沽酒之慨。乙酉闻其父丧归，痛哭得疾，药之稍瘥，但以不育为恨。戊子再入都，血病重发，遂至不起。今检其诗，多忧伤语，虽无谢庭风絮之才，而有苏家春月之致，抚今念昔，叹息弥禁矣。定孚识。（节《汉皋遗什》跋语）

（录自《路桥志略》）

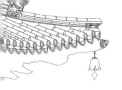

○ 清 徐兆章

徐兆章，字竹坡，路桥三桥人，清优生，月河诗钟社社员。

《路桥志略》题词

银管拈来写旧闻，不教遗轶渺烟云。

遍搜蓬蕈同欧史，尽削毓芜媲马芬。

直笔曾辞千斛米，雄文可扫万人军。

师门耄学留遗著，付与乡邦作典坟。

○ 清末民初 王舟瑶

王舟瑶，字玫伯，城关人，清光绪十五己丑（1889年）举人、广东候修道。

寄旧史杨定卯先生

一树冬青耐岁寒，新年鸟语复谁欢。

春王正月无人记，泪洒前朝旧史官。

竟月相思少一笺，问奇欲泛路河船。
老来扬子惟耽寂，草就元文第几篇。

玉溪不作桃溪近，文献飘零谁采甄。
赖有先生成别集，能教台学得传人。

"别集"：君近辑《赤城别集》。

定夎于鉴洋湖马山自营生圹寄诗索和为赋长歌

鉴湖湖水碧于玉，万顷琉璃清可掬。
就中一点马山青，天付幽人结林屋。
关西夫子旷达人，白首思与青山邻。
伐石自筑归真室，四围苍翠罗松筠。
人生自昔皆如客，埋骨何山须自择。
孟博愿葬首阳巅，皋羽思依严濑侧。
耐辱居士尤不羁，王官谷里多奇迹。
直招宾客来圹中，酌酒赋诗永朝夕。
先生高尚古人追，十年誓墓乌台归。
金爵觚棱一回首，人民城郭今俱非。
自叹遭时同表圣，亟先穿冢傍要离。

湖山今日足舒啸，魂魄他年应有知。

我亦悲时百忧积，岭海归来头已白。

鉴湖湖畔多名山，拟向先生分一席。

赠杨定勇给事

臣里推耆旧，河西有老渔。

早醒乌府梦，归结青山庐。

七十不扶杖，一灯犹著书。

鉴湖日刺艇，佐酒得银鱼。

韧叟尚书定勇给谏重宴鹿鸣宠荷宸翰作诗征和为赋长歌

海桑迁变朝市异，文物衣冠惊坠地。

贞元朝士已晨星，谁人复识登科记。

超然二老东海滨，霜髯雪鬓贞松身。

回头六十年前事，鸣鹿曾充观国宾。

是时海宇烽烟净，穆庙中兴颂神圣。

补行大典辛与壬，得士一时称最盛。

两公翩翩正少年，携手同作蟾宫仙。

槐花开后杏花烂，后先俱上大罗天。

劳谨廿载令畿辅，循吏高名匹召杜。

白头重起到公卿，大厦将倾已无补。

杨侃奏赋侍蓬莱，思补衮职移柏台。

手焚谏草忽誓墓，朝阳鸣凤无声哀。

一朝大陆龙蛇起，钟簴潜移周室毁。

逢萌避莽栖劳山，元亮耻刘卧栗里。

年华弹指何匆匆，乡书甲子今重逢。

敢自科名矜宝祐，忍将旧事谈玄宗。

帝心深识臣心苦，亲洒奎章泪如雨。

丹心丹桂共芬芳，天语褒旌足千古。

缅怀盛典思先朝，蔡万翁梁去已遥。

何图棋劫江山换，犹见风流赵与姚。

长夜漫漫何时旦，人心今日终思汉。

两公忍死待中兴，他年再作樱桃宴。

"丹心"句：赐劳曰"黄发丹心"，赐杨曰"仙桂重芳"。"蔡万翁梁"：蔡文恭，万年茂，均乾隆壬子重宴鹿鸣；翁方纲，梁同书，均嘉庆丁卯重宴鹿鸣。"赵与姚"：赵翼，姚鼐，均嘉庆庚午重宴鹿鸣。

挽杨定甫给谏

前月得贻札，拳拳故国思。

今朝闻辍瑟，恻恻我心悲。

朝士贞元少，风流正始衰。

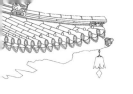

海滨问遗老，肠断路河湄。

通籍清华选，簪毫黼黻才。
文章高凤阁，风节重乌台。
避客焚谏草，逢僧话劫灰。
先朝遗典在，仙桂许重开。

辛酉重宴鹿鸣，得拜御书"仙桂重芳"赐额。

生平耽纂著，雅抱重缥缃。
史熟陈承祚，书摩徐仲祥。
逸诗辑齐鲁，国志拟华阳。
晚岁丛编就，功尤在梓桑。

"史熟"两句：著有《三国会要》廿二卷。"逸诗"：
又有《诗考补订》五卷。"国志"：重修《定兴县志》。
"丛编"：编有《台州丛书后集》。

订交逾卌载，垂老倍情亲。
共励名山业，期扶大雅轮。
乡邦失祭酒，文献少传人。
此后问台学，凭谁再问津。

（录自《路桥志略》）

长街诗歌

○ 民国 谢士骏

谢士骏（1864–1944），路桥谢家里人，曾任路桥镇自治会总董，月河诗钟社核心成员，著有《亦乐园诗草》等。

颂施鸿浦少尹浚路河德政步杨给谏原韵

人峰高大出崇丘，秀挹新安近水楼。

两岸蜗居思禹迹，卅年鸿业缵孙谋。

渠疏南北源应远，川决东西利倍收。

能使万家同被泽，千秋名共鹭河留。

鹭河人羡小蓬邱，山绕前村水绕楼。

蓍屋蒙麻无竭泽，琴堂佐治有奇谋。

功成疏瀹师神禹，利及田畴慰蓐收。

此日临流歌德政，聊同江汉颂声留。

（录自《亦乐园诗草》）

亦乐园春

喜得春光到我家，我家园小亦繁华。

今年好比去年好，雪里栽成富贵花。

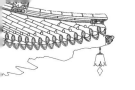

与许功甫少尹烹茗福泉亭

水亭亭内各衔杯，茗试新泉当旧醅。

可惜此行留一恨，品茶未共陆郎来。

其幕友钱塘陆瑞卿茂才有事未来。

（录自《亦乐园诗草》）

民国期间，谢士骏、施济（鸿浦）、许功甫等曾一起游普泽寺，烹茗福泉亭。

普泽寺

丁未（光绪三十三年，1907年）二月廿五日，与少尹施公鸿浦（名济、东台人）游蔡氏恒园及普泽寺，抵暮归，赋诗以纪之。

恒园山水结芳邻，种竹栽花有雅人。

二月韶华应更好，与君同赏十分春。

满园红紫自成春，木笔齐开一树新。

哪得诗人同此物，笔端花发斗芳辰。

寻芳再过短长亭，柳绿桃红草亦青。

幸有导前东道主，水亭不觉任人听。

甘泉岂是逊廉泉，静听清音百虑捐。
惹得此间长作伴，何愁世事不超然。

古寺门藏绿树深，椿庭当日萃知音。
而今幸有同游者，元度风流约伴寻。

兴尽归来日已曛，满街灯火恰初焚。
临歧再订游春约，亭在山巅锁白云。

　　东道主：谢桂卿。知音：与杨定甫给谏、王弢甫太常、张子远大令聚读寺中。锁白云：约游悟空亭。

少尹解任旋省，赋实事以赠别

何须伟绩著旂常，赢得廉名去亦芳。
豪士官卑原写意，诗人笔健讵嫌忙。
风清两袖春三月，泽润千家水一方。
试听讴歌声四起，鹭河无处不甘棠。

　　　　　　　　　　　（录自《亦乐园诗草》）

　　少尹，指施鸿浦，曾主持浚南官河路桥段。

○ 清末民初　施济

施济（字鸿浦），东台人，黄岩县少尹，副职，曾主持疏浚潞河。

普泽寺
（和谢士骏诗）

小园半亩号恒春，同览芳菲景色新。

鉴水一池兰九畹，莫虚月夕与花辰。

遥指山坳普泽寺，亭边柳色已青青。

携琴却爱云深处，流水高山一曲听。

石硐村舍近鸣泉，稗俗疲民总弃捐。

人在春台风太古，相安耕凿尽熙然。

前朝古寺暮云深，钟磬难闻殿上音。

野草闲花禅院满，不须蜂蝶去搜寻。

○ 清　陶赞尧

陶赞尧，字葵友，南栅人。

妙智寺大悲阁雅集叠刘子藜韵

不为登楼不感秋，行踪岂等仲宣俦。

茶余诗句多风雅，饭后钟声倦应酬。

今日友朋无意聚，明朝酒馔不须谋。

凭栏无限沧桑感，何处瓜田认故侯。

（录自《路桥志略》）

○清 任重

任重（1876-1951），号心尹，路桥街后於人。清光绪二十九年癸卯科举人（1903年），继入北京大学师范科毕业。奖给内阁中书，任广东临高知县、山西岢岚知事、浙江永康县长。挂官归里后，购得二十四史一部，与同好者陈謇、张高恩、徐兆章、应祖耀、蔡恺、蔡燕綦、徐梦丹、杨绍翰等组织"月河诗钟社"，被推举为祭酒（社长）。著有《黄岩方言考证》《河西钓叟诗文集》《尝胆集》等。擅长书法，书有黄岩桃花潭凉亭石柱上对联及路桥"福星桥"名。

春日杂咏

雪花欲占百花先，玉蕊琼英万树妍。

杨柳梢头春未半，错疑飞絮已漫天。

· 077 ·

日本投降志庆

谁解重围护小郎，樱花零落日无光。

柏林久已强援绝，珠港应将战债偿。

趋势变形嗤蝙蝠，当车奋臂笑螳螂。

眼前大有兴亡感，沧海于今遍种桑。

（录自《月河诗钟社刊》）

《路桥志略》题词

天台华顶峰岧峣，雁荡龙湫瀑布骄。

两山相隔百里遥，中有巨镇名路桥。

路桥亦有山，人峰矗矗难跻攀。

路桥亦有水，月河湾湾长十里。

山明水秀毓异人，我公定叟应运起。

定叟早岁贡玉堂，十年台谏声琅琅。

故山白云忽招隐，飘然远引辞帝乡。

林下优游多岁月，崇雅丛书富著述。

抛却金貂三品官，放出生花一枝笔。

路桥人作路桥书，不比相如赋子虚。

山水人文皆纪实，地形事实各瞭如。

难得文孙能绳武，遗者拾之阙者补。

路桥一志成完书，子云家世足千古。

我读公书有所思，名山事业窃慕之。

乡邦文献详如此，游夏安能赞一辞。

（录自《路桥志略》）

○ 现代　管震民

管震民（1880-1964），又名望涛，字线白，祖居长浦，故居南栅头。马来西亚华侨，教育家。著有《绿天庐吟草》。

怀 友

两渡南溟廿四年，故乡消息总情牵。

儿时游钓应留影，老去文章不值钱。

同学几人先诀别，故交诸子幸穷坚。

昆明劫火能全熄，重上人峰话海天。

（录自《绿天庐吟草》）

○ 清　林乔丰

林乔丰，字朴垒，太平人。

月河舟中风雨

扁舟坐泛月河东，天水澄明接远空。

龙气一嘘云尽黑，蛇身乱掣电流红。

绿蓑淅沥吹篷雨，短棹横斜擘柳风。

一望苍烟迷处所，此身浑似浪花中。

（录自《路桥志略》）

月河，即南官河路桥段之别称，也叫潞河。

○ 民初 方来

方来，字善初，石曲人，石曲方氏第十二世，著有《丹崖山志》《杂说》、诗文数卷。

小住敦书乐古斋

一

竹帘昼掩碧阑干，小住幽斋地心安。

白玉尊中新酒满，乌皮几上乱书摊。

诗情每向闲时得，世事都从静里观。

过雨兰芽看乍发，清晨几度为徘徊。

二

潦倒频年叹不才，此间雅自绝尘埃。

好书读罢月初上，残梦醒时花正开。

积砌苔痕新绿长，隔帘树影送青来。

焚香世虑都消遣，惟有诗怀去复回。

（录自《石曲方氏宗谱》）

敦书乐古斋，疑即李诚“敦说楼”。

晚意

暮色满池塘，黄花溢路香。

闲情山意远，逸兴水流长。

过雨看新草，归云恋夕阳。

倚门一回首，烟雾淡茫茫。

（录自《石曲方氏宗谱》）

游悟空亭访仙人石

清游二三侣，乘兴裹芒舄。

山盘卧龙顶，人行磨牛迹。

借彼落花风，来埽仙人石。

远览豁双眸，去开海天碧。

山行

近来无日不从容，腊屐登临兴倍浓。

曲径雨过花尚湿，淡烟风定树犹封。

墙留宿土添新草，山出奇云乱远峰。

日暮诗成归去晚，碧溪余溜响淙淙。

上元夕鹭河竹枝词

家家故事试更深，杓卜都教是夜行。

多谢灶君能指示，不须疑事问君平。

（木杓卦）

敲窗罱栗响偏豪，到处儿童逐队号。

难得今宵好风色，鹞灯初上月轮高。

（放风筝）

傍晚催邀姊妹行，中天明月正圆光。

空庭百步齐携手，不计何方是喜方。

（走百步）

碧玉年华正妙容，出街无力意惺忪。

游人杂沓须回避，不看花灯恐看侬。

（看花灯）

香烛齐燃插满堂，笑装箕畚号姑娘。

长街诗歌

人人首把年成祝，侬借低声问远郎。

（筲箕卜）

女伴多人相约行，同来月下话更长。

阿侬初学厨中艺，百果调和试柳羹。

（柳灶羹）

月明如水映回廊，屟响空庭夜色凉。

勉强出门心尚怯，簝篘按遍阿谁长。

（按竹竿）

（录自《石曲方氏宗谱》）

"亦乐园"唱和

谢氏亦乐园（位于邮亭西边）。

谢士骏于民国三年（1914年）于自己住屋后买得邻人一块地后，仿蔡氏"是亦园"，砌围墙，瞥一小园，以一半栽花木，一半种蔬菜，引为逍遣自乐，命园为"亦乐园"。自作七律两首，广征题咏，和者115人，形成一集，名《亦乐园唱和集》。

谢士俊《亦乐园偶咏》原诗：

漫嫌园小不繁华，手自亲栽四季花。

春有幽兰秋有菊，冬宜种菜夏宜瓜。

清风明月同千古，修竹寒梅共一家。

最爱群芳新雨后，几分艳借夕阳斜。

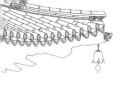

南北风云任变更，依然守拙有鲰生。

荆妻儿女孙高会，豆腐瓜茄菜大烹。

半亩园林长作主，满寮药草旧知名。

逍遥此日浑无事，但觉花香一味清。

和作洋洋大观，本文只录部分诗作。

杨晨

儒宫一亩拒纷华，晚景怡情爱种花。

阶有芝兰依玉树，畦分葱韭杂瑶瓜。

芙蓉初日超群品，柳絮因风羡大家。

正是澹云微雨后，荼蘼满架任横斜。

亭上茅龙衣屡更，桥边杂草为谁生。

杏桃夏正书初见，葵菽邠风供大烹。

风月佳儿长作伴，药寮遗业久传名。

翛然梦觉南窗下，诗思清逾茶味清。

柯骅威

昔闻司马公，有园名独乐。

独乐者何在？在心无愧作。

仰或愧于天，天君何所托？

俯或作于人，人籁何由作？

长街诗歌

嗟嗟古圣贤，磊磊复落落。

悠然大海龙，矫若云中鹤。

温公间世英，原非耽邱壑。

其时朝政非，挂冠而归洛。

洛阳多名园，至今谁探索。

耆英去渺渺，遗韵满林薄。

君家有达人，胸襟亦开拓。

才如东山奇，学如西台博。

气如宜城遒，性如上蔡爵。

维彼四君子，终古岂寂寞。

顾君振宗风，昂头天宇廓。

不种东陵瓜，不卖长安药。

百家恣沉酣，六籍细咀嚼。

庶几十笏园，千岁名炳烁。

任重

先生久已谢繁华，手辟名园自种花。

三径秋风陶令菊，一畦夏雨邵平瓜。

芙蓉初日超群品，柳絮因风羡大家。

正是澹云微雨后，荼蘼满架任横斜。

时局沧桑倏变更，感怀身世痛民主。

一官沦落匏同系，几辈英雄狗共烹。

野遍灾黎悲失所，国多内閧苦无名。

可怜举世皆污浊，惟有先生是独清。

徐乐尧

先生硕望自高华，诗草吟成笔有花。

怀酒喜斟新酿菊，园蔬爱食早春瓜。

林泉佳趣凭君领，风月闲谈属我家。

乡井远离江上客，台山日色几回斜。

壮志闻鸡起五更，着鞭苦自励平生。

麻鞋烽火空陈迹，乡味鲈蓴忆旧烹。

秋水横腰成底事，吴山立马剩微名。

何如亦乐园长在，消受人间福慧清。

徐兆章

一篇秋水读南华，心地清于茂叔花。

细雨微风新种竹，轻云薄雾自锄瓜。

怡情宛似三洲圃，逸兴差同五柳家。

此是先生忘象处，闲来坐对日西斜。

我本迂儒事不更，青毡世守足平生。

顾同宁戚扣牛饭，深鄙淮阴走狗烹。

栽遍山花期脱俗，绘来仙草荷题名。

羡君诗思追康乐，春到池塘梦亦清。

蔡熙

时艰蒿目欺中华，正是春残未坠花。

英法鲸吞如剥枣，日俄虎视欲分瓜。

既无浊世擎天柱，绝少孤山处士家。

差幸先生能出俗，不同轻燕受风斜。

茅亭花影月三更，春到池塘入梦生。

独行宜登高士传，世情真似校人烹。

编成吟稿多佳句，留得园林有盛名。

更羡天伦饶乐事，芝兰玉树一门清。

於猷

千红万紫斗芳华，小筑园林学种花。

洞达世情如剖竹，感怀时事慨分瓜。

品高彭泽先生柳，望得孤山处士家。

忆否乌衣旧门巷，不须惆怅夕阳斜。

时局如棋倏变更，柴门高隐有先生。

早知尘世如春梦，方信园蔬胜鼎烹。

同学至今惟剩我，贤郎几辈悉闻名。

羡君玉树家声好，博得儒风一味清。

（录自《亦乐园诗钞》《亦东园唱和集》）

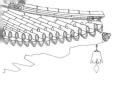

第六章　近现代诗歌

○ 民国　杨绍翰

杨绍翰（1886-1952），字志屏，杨晨孙。清光绪三十四年（1908 年）毕业于浙江官立法政学堂讲习科。宣统元年（1909 年）三月创立路桥镇自治研究所，为全国第一个地方自治研究所。二年（1010 年）自治选举，杨绍翰被选为自治公所总董。辛亥革命军起，9 月 15 日杭州光复消息传到路桥，路桥管带多寿昏惰无能，绍翰恐其部下哗变，请前管带黄金贵重新掌握兵民，地方得安。1912 年（民国元年）1 月，黄岩县议会成立，被选为议长。3 月，被任为财政科长，运米平粜。杨绍翰在乃祖杨晨 2 卷本《路桥志略》上，续编为《增订路桥志略》6 卷 2 册。

月河杂咏
（八选四）

一

冬夜闲行到水滨，河如弓样月如银。

松堂荄首塘桥蟹，下酒依然乡味真。

二

春日人峰到眼青，隔江玉立自亭亭。
入冬也似人酣睡，烟树模糊总不醒。

三

涤砚尚留遗迹在，摩挲片石对斜曛。
蟹行文字西来后，谁复临池忆右军。

四

昔人曾举月河社，祭酒当年有写经。
今日坠欢能再续，不因寇乱酒杯停。

（录自《路桥志略》）

○现代 王志千

王志千（1900-1940），路桥王家人，1938年任河南省政府民政厅科长、秘书长兼视察主任。6月兼任河南省政府邓县垦荒办事处代处长，管理农林、水利、教育、文化、畜牧、警卫、卫生诸事，8月6日，因辛劳致疾病逝于湖北省老河口市，国共两党均为其致哀。

酬陈忠超

记得江头折柳枝，春风一櫂唱离辞。

比来王粲楼头月，不似陈琳邺下时。

梦逐浮云归缥缈，心随征雁去参差。

酒垆微雨黄公宅，一夕秋声触所思。

（录自《清华周刊 1931 第 34 卷第 6 期 P43-43》）

○ 现代 胡泳洋

胡泳洋（1897-1990），路南长浦项浦村人，黄岩诗词学会名誉会长。解放前供职空军简任官。后为临海师范教师。

北上抗战留影

江南四壮士，立志雪国耻。

携手上边关，愿向沙场死。

（录自《项浦诗选》）

鹭河忆旧游

鹭河明月夜，千里但青天。

高风鸣乔木，四顾无云烟。

独立苍茫久，缅怀王志千。

斯人今不在，谁与赏林泉。

（录自《项浦诗选》）

○ 现代　王公遐

王公遐（1903-1969），路桥街南栅人，黄埔二期毕业。1941年任重庆卫成第十五补训处少将处长，1942年任暂编第二师少将师长。1948年免职。新中国成立后，为江苏省苏州市政协委员。

除夕

传来爆竹知除夕，愁对寒檠手一编。

活计劳人添白发，读书误我到残年。

菜根能饱休弹铗，破絮无温起坐禅。

六十老翁应自足，此间还住几多天。

（录自《黄岩历代诗词选》）

○ 现代　朱鹿峰

朱鹿峰（1926-2002），临海人，路桥中学教师，路桥诗词协会首届理事长。

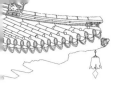

浣溪沙·登人峰抒怀

峰上危亭绿四围，亭前目断远山微。
劝君应上最高梯。

郊野已成蛛网路，头颅都上茧蚕丝。
华年纵去莫伤悲。

○ 现代 蔡敦礼

蔡敦礼（1935–2000），邮亭人，印章刻工。

人峰晓日

黎明拂露上人峰，万道金霞映海空。
忽见朝阳喷薄出，山林亭阁染绯红。

月河泛棹

稻香月朗纳风凉，约伴携樽逐水舫。
远厂机声街市语，扁舟咿乃到洪洋。

长街诗歌

○ 现代 王伯敏

王伯敏，出生在路桥长浦，入籍温岭。中国著名美术史论家、画家。历任浙江美术学院教授、杭州画院院长、杭州大学兼职教授、中国美术学院教授，美术学博士生导师，敦煌研究院兼职研究员，杭州画院名誉院长，杭州市美术家协会名誉主席。

长浦吟（1973）

小序：一九二四年十月，我出生于黄岩路桥长浦之茅林，父母迫于生计，忍痛卖我至温岭，数十年骨肉离散，未能相聚。近经多方调查，终于寻到了生身老母，春节灯下写八绝于茅林村居小屋。

昔日思亲

年年春夏复秋冬，岁月悠悠断续风。
残梦寻常怜子夜，楼前月冷眼蒙眬。

壬子走访茅林

常嫌朝暮水流长，走访茅林橘已黄。
多谢乡亲添好意，煮茶为我话沧桑。

悼父

一生汗透千层土，半世双肩血染衣。

头白翻身霜降日，可怜无奈九泉归。

（父阮仙全，雇农，1953 年霜降病故。）

颂母

一丈细纱五齿机，三更灯暗苦梭飞。

萧萧木落催刀尺，依旧家人荷翟衣。

（母王三梅，现年八十六，早岁织布，昼夜不息，一家仍不得温饱。）

被卖

甲子茅林尽岁荒，洪涛风卷夜苍苍。

伤心儿作幼雏卖，娘自汎澜爹断肠。

归家

半生研砚心无愧，负笈回乡鬓有丝。

老母问儿知也未，当年大雪万家饥。

喜庆

冒寒冲暑行千里，才有团圆好事来。

佳节放歌春浩荡，门前犹见陇梅开。

舞狮

长浦千竿绿欲浓，堂前日丽临春风。

一村喜我团圆日，舞起双狮又滚龙。

（录自《柏闽诗选》）

附：长街民谣

船歌

天不落雨地上干，手中无钱到处难。

有田有地种粮菜，无田无地去撑船。

下梁土布殿前绢，金清鱼箬湖头篮。

运到路桥街上卖，卖来钞票满肚褡。

（阿根采编）

卖水果

小弟家在泽库，呒较生意好做；

走到路桥水果行，撬来水果无数；

一担担到人家头，放开喉咙来招呼：

黄岩蜜橘红冬冬，店头荸荠三根葱，

东魁杨梅水淋淋，小稠枇杷黄金金，

药山刺瓜味道鲜，西瓜要算黄琅甜；

红冬柿出临海，饭熟梨出大田，

桂圆荔枝出福建，山东苹果出烟台，

香蕉出在海南岛，藤梨出在常山县，

文旦高橙出楚门，瓜子出在宁波江北岸。

樱桃好吃圆累累，橄榄好吃两头尖，

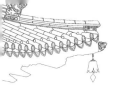

葡萄好吃甜咪咪，青梅好吃酸叽叽。

吃参果补气，吃橄榄回味，

吃荸荠消食，吃金弹下气。

老伯爷胡须两梗，买串葡萄哽哽；

老姆娘呒牙齿，要吃香蕉、红冬柿；

小嫂贪酸吃青梅，勿酸可买甜橙生水满口汁；

大嫂子贪吃香梨，哄小人糖梗荸荠；

闷牙瓜子啃得快，扒牙顶好吃西瓜。

买过客人晓得我格巧，吃过客人晓得我格好。

要买快买开，勿买小客担过台。

（王章桂采录，阿根整理）

泽库：即泽国，离路桥街约八九公里。

打铁谣

七百八百，七百八百。

打铁一，打把小花剪；

打铁二，打把菜刀劈白鲞；

打铁三，打把镰刀一眉弯；

打铁四，打把铁耙四个齿；

打铁五，刀枪利钝靠淬火；

打铁六，我帮爷爷拿竹勺；

打铁七，打枚铁钉钉板壁；

打铁八，答、答、答；

打铁九，靠帮手；

长街诗歌

打铁十，小人讲话要老实。

（台州南部民谣，陈贤祥唱，王小飞录）

九行业

一貌堂堂开当店，金银财宝来往往。

二龙抢珠珠宝行，珍珠玛瑙凑成双。

三鲜海味南北货，桂圆荔枝和白糖。

四季八节水果行，男女老少都来尝。

五颜六色绸缎坊，红红绿绿设满床。

六脸开出大米行，糯米晚米白如霜。

七巧玲珑江西碗，江西碗盏响叮当。

八节墙门开茶坊，多少老人白话讲。

九曲玲珑箍桶店，做工师傅做满房。

（郑正兴唱述，叶定增采录）

看灯词

阿娘吩咐女儿听，街上看灯要小心。

热闹场中多撞浪，须防脚肚捻乌青。

（罗楚客撰拟，阮孔棠收集）

五更相会

一呀一更里，响呀响叮当，

我情郎走进了奴奴绣房。

我的娘，她问我：啥个东西响？

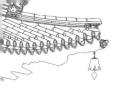

　　我说道，姆妈娘，

　风吹树叶响叮当啊，姆妈娘！

　　二呀二更里，响呀响叮当，

　　我情郎坐在了奴奴绣床。

我的娘，她问我：啥个东西响？

　　我说道，姆妈娘，

　猫猫老鼠打相打啊，姆妈娘！

　　三呀三更里，响呀响叮当，

　　我情郎睡在奴奴身旁。

我的娘，她问我：啥个东西响？

　　我说道，姆妈娘，

　对门姆娘牵风箱啊，姆妈娘！

　　四呀四更里，响呀响叮当，

　　我情郎怀抱那奴奴不放。

我的娘，她问我：啥个东西响？

　　我说道，姆妈娘，

　隔壁老头磨豆浆，姆妈娘！

　　五呀五更里，响呀响叮当，

　　我情郎走出了奴奴绣房。

我的娘，她问我：啥个东西响？

长街诗歌

· 098 ·

我说道，姆妈娘，

莺莺小姐送张生啊，姆妈娘！

（蔡啸唱述，王宗元采录）

摇摇船

摇摇船，船起开，猢狲光棍想老安。

喜鹊阿婆讲做媒，八哥大伯催客来。

想老安，想老安，日日夜夜想得困勿开。

摇摇船，把舵橹，猢狲小弟望新妇。

蛐蟮吹箫鳖打鼓，老鸦衔柴狗烧火。

望新妇，望新妇，起早颗星望到日头昼。

摇摇船，船搁浅，猢狲木度讨老安。

阿猫兄弟做厨倌，老鼠伙计捧菜盘。

讨老安，讨老安，日头昼斜忙到黄昏暗。

摇摇船，船到港，猢狲大哥着了慌。

画眉大婶来梳妆，水鸭小姑牵拜堂。

你也忙，我也忙，热热闹闹送进好洞房。

（路桥民谣，阿根改编）

老安，方言念作老嫣（音 yan），意为老婆。

第二编 十里长街当代诗歌

十里长街

○ 刘向东

十里长街，一条老街
尽管给我新诗的直觉
我依然因其古老而沉醉

灵山之侧
南官河边
十里长街路路桥
一湾碧水家家月

来回走，我来回走
找回西周先民的脚印
东汉邮亭里尘封的家书
而今八百商家掌柜的
因操劳而空了心的头发

再找找

我们所失落的
不该失落的失落

十里长街，自由行走
身后古人，迎面来者
不要在我的诗里停留

路桥·十里长街

○ 海岸

十月秋风未起，一转身
从繁华的银座街，转入时光停驻的老街
青石板铺就的小巷，被岁月打磨得发亮
三水泾口的山歌原是南官河上的一道风景
船埠头引发临水人家沿河摆摊的冲动
河水见证路桥人枕河贸易的过往
今日越不过橡胶坝，船老大老郭就此告别

我顺着人流蜿蜒而行，时而折返
河西头，邮亭驿站已远去两千年
"路是桥，桥是路"，庙对庙，流水对石桥
路北街三桥边，宋代就建起了商铺"廿五间"
我背倚桥头，放空心情细品"五桥夜月"
青砖黑瓦，飞檐灰雕，错落有致
若是下雨天，那雨水沿着廊檐滴滴嗒嗒……

仿佛时光倒流，回望四十五年前
夕阳西下，木格子窗斜映天边的晚霞
单边街，马头墙，古朴又沧桑
磨石桥、下里桥，相隔一条木长廊
路南街卖芝桥，向东延伸的尽头是我家
一盅海蛳、一串油圆是小时候最好的回忆
同学们上街嬉戏，一起割过"资本主义尾巴"

一座桥跟着一座桥，三八集市阡陌纵横
杨家里仅存的门墙檐角，卷出文脉向云霄
始发福星桥的千年商都，难辨荣辱与兴衰
一碗热腾腾的姜汤面，吃得心中暖洋洋
无论坐贾或行商，都是小商品时代的先行者
向南，向南，一路向南
十里长街，商贾之气跌宕出石曲街的塘桥陡门闸

必经的路桥 —— 台州赠 AC

○ 张予佳

仙居自古有灵族居守
珍珠滩　光泽散布温岭
临海延绵南长城的悠远喟叹
而路桥　恰如它之名
只是路　只是桥
风景历程的沿途

上苍圈点　浓淡格致
未曾青睐此地的眷顾
然而　在游吟者眼中
岁月窄如里程碑之手掌
某日某时　双翅荫下
暂且体悟行路过桥的步履
寂寥　就是本分的修行
被遮蔽的尽头所在

比可见的目标更加遥远

其实 仙居灵族活在神话中
东海天蓝 晕染珍珠滩的潮汐
南长城 喟叹终将止息于时光
美好的确据 来自美好传说的想象而已

惟有必经的路桥 指望万境终极
想象 溢出刻度——
弃绝掩饰词藻的未来
如此 静默就比生命愈发绵长了

九月路桥日记一则

○ 刘川

辛丑九月三十，别台州于云头
其下有三秋桂子
十里长街
才与人食酒盅印
未忘叶适圆饼
舌尖糖麦鼓仍留香
而诸多小吃，在机翼之下
大排其队，唤我再来

雪白云头，端坐，俯瞰路桥
一生中，此处偶然
驻足二日：
先到陶宗仪故里
先生《南村辍耕录》早在我书架上
老相识也
复至方林汽车城

看古人之坐骑五花马
而今生出四只魔幻的轮子
载我忘乎所以，飞驰于南官河之滨

辛丑九月，歌太多，酒太多，遇到的好人
太多
而诸事可忘
惟记美美地大醉过两场：
一场，在路桥
另一场，还是在路桥

路桥的十里长街

○ 孙思

夜，将一些事物和人
从路桥十里长街的记忆里拎出来
停在眼前，不动

此时，我想把那个古人的诗
音律去掉，在平仄的空间
放进一座庙宇。再让南官河
替代词牌

我的想法还不及说出
南官河水比我快，已发声
刚出口，却就被风带走

李白的月亮，落在十里长街
正好停在高楼人家的窗前

伸长目光，想探进去
它想告诉这些人家，它一路走来
多么不易

麻雀和猫们，从明清起
一直居住在长街中
它们习惯于自由穿行
旁若无人

即便这条长街
经历了一个又一个朝代
人换了一茬又一茬
它们却踩着，一首不变的 D 小调
始终如一，轻轻摇晃

长街诗歌

记路桥十里长街

○ 江离

每一处的仿古建筑群都在
历史的宏观叙事和留存的生活样本之间
平衡和取舍
当十里长街，追远至东汉
新建的邮亭是否如远古的风声入耳？
这里有我的友人方石英，他顽皮的童年
是否泛着下雨的黄昏青石板上的灯光
他可曾在蝉鸣的中午
吃一碗芝麻粉或姜汤面
当他在卖芝桥上东望
这往昔东南的巨镇，兴叹着地方的兴衰
犹如群山的起落，只能从社会史中
查找往日的踪迹：兴于南宋，盛于明清
它傍着南官河，绵延的寺庙
与石桥相互呼应，商贾云集，店铺林立
在重建后，一应俱全了

是否又有一种别样的失落
有关于这江南水街，一代人的记忆啊
伴随着老行当的消失，也渐渐行远了
这些年他辗转杭州、山东和贵州
他生子取名方路杭
路桥是他的根之所在，当他过年回老家
看到整饬一新的青石砖墙
吊楼斗拱上木雕的人物、飞禽、走兽和花鸟
看到老街九号，印着 SGHGBAR 的霓虹店牌
是否会兴起今夕何夕之感？
那是一个人在宏大的历史和
自身的往昔之间突然找不到北的失重与迷惘

南官河

○ 陈巨飞

少女用美颜拍照，一个老者
参与构图。吃泡虾的，
身上有烟火味。贩烟花的摇着木船
从远方赶来，吃泡虾。
这个场景，有，还是没有？
石桥说有，桥边的枫杨说没有。

宋朝过去多久了？河水晃动历史。
桨，拨动邮亭的幻影，
东岳庙门口，抱桨的人还在看戏。
以上是在直播的视频里——
镜头前，记忆可以重新获得。
缺席的船只，展示了穿越的手艺。

秋风似邮差，将白云的信笺
寄到河底。油纸伞倒悬，

过去与未来，沿屋檐实现了对称。
包括白云在内，
一切都可以驻足。
除了秋风，一切都可以折叠。

十里长街，
一条内心隐秘的河流（组诗）

○ 方石英

漂泊的石头

想起台州，便有一地月光
覆盖我近视的双眼
一些隐私在低处失眠
泛黄的家谱睡在上海图书馆

想起路桥，我又深陷忧伤
那些姑娘不再可爱
不再值得我把杯中酒喝光
她们已从绝句退化成流水账

想起十里长街，孤独的少年
在大提琴的阴影里寻找安慰

我是一块漂泊在他乡的石头
一把年纪依然痴心妄想

想起你，一颗流星投奔大海
请相信，我的骨头终将被台风擦亮

姐姐，我又在想你了

但愿还有多余的纸张
可以用来涂鸦
或者折一只精致的纸飞机
飞进黄昏幻想的夜幕
我曾在台风不知疲惫的嘶喊中
想起台州，我海边的故乡
稻草人立在田头
倾听被露水打湿的虫鸣

姐姐，我又在想你了
当你还是一个小姑娘
你就开始向我示范忧伤的神情
等待燕子从书中的南方回来
在电线上站成一排省略号
那湛蓝的让人想哭的天空
有柔软的云朵
替我们准备好完整的白日梦

长街诗歌

姐姐，现在天凉了
我又开始不可救药的回忆
十里长街，一条内心隐秘的河流
你和我一前一后
在雨季的廊檐下轻轻走过
一遍又一遍，所有的故事重叠在一起
只剩下光滑的青石板
这岁月的底片透露我们最初的足迹

姐姐，我又在想你了
在他乡歌声低沉的水边
喝酒，只需要一点点
我就醉了，耳边响起你的小提琴独奏
洞穿深秋月光弥漫的心脏
我看见你黑色的睫毛闪动
预感洁白的雪花就要飘下来了
姐姐，我想现在就回家

梦回十里长街

仍怜故乡水，
万里送行舟。
　　　　　——李白

永远不会有第二条街道可以替代
十里长街，贯穿我的五脏六腑
宿命的一九八〇年九月

我拼尽全力的啼哭，是第一首诗
回应只剩一页的家谱

已经无法记清是哪一场雨
打湿窗帘，还有姐姐注视瓦当的双眼
我在一旁用圆珠笔为自己戴上手表
很久没信了，尽管穿绿制服的邮差
依然按时微笑着从门口经过

屋檐下，燕子开始筑巢
这围绕泥巴与稻草的舞蹈
是一个久违的信号
让玩弹珠的孩子们捂紧口袋
像赶集一样涌向电影院门前的空地

太阳这只大刺猬缓缓爬上头顶
夏日漫长，午后的街昏昏欲睡
幸好栀子花香尚未飘远
安慰我等待傍晚月河里的清凉嬉戏
还有外婆带给我的无花果

当书包越来越沉，我学会偏科
也许命中注定要成为一个诗人
向波德莱尔学习如何观察世界
想一个人，坚持盯着黑板睡觉
在落叶起伏心跳的秋季

故乡是一滴宿命的浓墨

长街诗歌

在内心的宣纸上慢慢化开
整个冬天我都在发呆
往事纷飞，在无需剪辑的纪录片里
我愿意是一块石头，不流半滴眼泪

一年四季，我做着同样的梦
喝酒、写诗、唱歌，躺在屋顶
看云朵变幻浮现祖父死不瞑目的遗像
在这条我倒背如流的老街
每一块青石板都是我写了又写的草稿纸

梦中截获一枚纯粹的闪电
嫁接在回忆之树。我的台风
吹过我独自摇滚的青春
一些叫做忧伤的野草疯狂地生长
我的叹息是一叶孤舟在海浪间隐现

纯真年代

——给方路杭

终于长到可以买半票的身高
小孩，你像一阵风穿过黄昏
说要和我谈论很久很久以前的事
十里长街，一根剪不断的脐带
一头连着海边的故乡，一头绕颈两圈

杭州怀孕，路桥出生
再从福星桥启航，回到西湖以西
和一只蚂蚁谈心至天黑
原谅我漂泊中小小的私心
将两代人的双城记深深嵌入你的名字

在我尚未结婚时，我就开始准备
当你识字之后可能想读的书
它们躺在房间的各个角落
等待有一天被你无意中翻开
如果你不想读，那也是你的自由

我和你，茫茫人海中的两块石头
你喊我爸爸，我的心就软了
你生猛无邪的抒情是一面镜子
内心有多光明，"隐私"①之诗就有多美好
在你九岁的春天，纯真无敌

此刻，你已熟睡成一颗星星
我在他乡的他乡独自饮酒
在醉倒之前写一首并非可有可无的诗
若盐若梦，终有一天你会相信
即使重新投胎，你我依然相拥在纯真年代

注释：
①隐私:方路杭的《隐私》之诗首发于《钱江晚报》，获《钱
江晚报》与浙江省作协少年文学分会联合主办的 2016
儿童诗大赛"十佳小诗人"称号。

长街诗歌

期颐之年
——致罗佩秋

没人愿意再和你打麻将
你不难过，也不再去听戏
年龄摆在身份证上
在这条隐秘蔓延的老街
朋友都已老去，孤独
甚至再也找不出一个仇人

民国三十年的白色婚纱照
被你和体检 X 光片收在一起
秘不示人，在台风
频繁出没的海边小镇
你收藏了一轮船的往事
整整一个世纪的爱恨情仇

你是一把钥匙，轻松打开
期颐之年，五世同堂
尽管画家丈夫先走一步
但后代中还有曲艺家①、诗人……
在你的注视与祝福中
继续坚持无用的追求

每次握你的手，我都想起
你穿过悠长的青石板老街
带来无花果的甜蜜，每次握你的手

你都轻唤乳名让我重返童年
婆，你是一部已经存在
但我尚未写出的史诗

注释：

①曲艺家：罗佩秋的长子是"台州平话第一人"
——著名曲艺家蔡啸先生。

沿河：时光屐痕（组诗）

○ 李萦枝

南官河

流水，顺着千年河道
穿越而来。
比岁月走得更远的，是它的
柔软与慈悲：
这日复一日的涌动
饱含细密的纹理，向四周传递，渗透
抵达曾经的旱地，饥荒
干渴的眼睛
——如今岸上的好日子。
被阳光和流水眷顾
沿河居民的日常，有枝叶的形状
和春天的绿意。
年复一年，他们在水面倒影中

看见与生活并存的梦幻
在霜雪不曾抵达的地方
被四季珍藏。
每当太阳照射，河水熠熠闪光
他们就是那灵魂透亮的人
怀揣福祉，傍河而居
而人世广阔
一条河，拥有不竭时光……

河埠头

不规则的石阶
自岸上倾入南官河
它的缓冲，是生活的一部分。
晴朗的日子里
水面阳光，自不同方向聚集
再循着水纹流溢
洗衣女子将其纳入心底
便拥有日子的细碎，透亮。
出于对阳光的呼应
棒槌总是有节奏地响着
那双被生计打磨的手，略显粗糙
但依然灵活
把住生活的重心。
她们三两个挨着，时而交头接耳
又笑得脆响
就像岸上

长街诗歌

那被风来回翻动叶子的老槐树。
间或有货船经过
划起的木桨
带动水中的老屋，树木，云朵
以及囊括小镇的天空……

石桥

桥，是石头的
也是流水的。
它摹仿弓臂，半个月亮
也摹仿一条路。
从桥的这头，到那头
时光弯曲
因为岁月的厚重。
一些人从这里往返：
挑夫，货郎，店员，学徒，帮工……
更多为生计奔波的人
深入街巷，生活的曲折和细部。
在桥的两头，日出日落时分
他们把日子展开，又收拢。
而一天的光阴经过味蕾
有时甘甜，有时酸涩
被桥下的流水带走。
偶尔，桥的上空有一两朵云
好似珍藏在心底的愿望
或者来自远方的消息。

十里长街

石板路是狭长的
屋檐与屋檐之间的天空也是。
头顶上窄窄的一条
恍如时光的缝隙。
而日子也是细长的
从银楼，药铺，货栈，三八集市
到书场，茶楼……
它们曲折地连接
好似一棵树上的枝桠。
并且，这细长是相互传递的
比如从清晨的第一声鸟鸣
到沿河的微风
午后的雨丝
或者黄昏，透过枝叶的夕照。
偶尔燕子飞过，它展开的翅膀
斜斜地划过一条细痕
很快消隐于空中。
如果抬头，应该还能看到
天空缓慢的移动——
哦，多么宁静
从偶尔到来的一朵云那里
我看见生活的样子。

老屋

褐色老屋，青色瓦片
檐角向上挑起
这是对长街老屋最初的描述。
如果雨天，薄雾氤氲
老屋就是一个戴斗笠，披蓑衣的老者。
雨水，渐渐渗透
一些事物开始模糊，而水汽弥漫。
空气中流动的是江南的情绪
应该还有草木的汁液
在雨中，就是湿漉漉的
天空和长街的味道。
雨，并没有使老屋低下来
屋檐水滴，将光阴反复拉长
而檐角斜指流年……
老屋则兀自沉默
并在沉默中见证十里长街
一代又一代人的成长
——生与死的交替。

○ 郑炜

站在得胜桥上想起宋徽宗

总是盯着别人碗里的猪肉，
岂不知自家猪栏里的猪，
早已被人趁机牵走。
你的瘦金体独步天下，
却再也换不了
一天的自由。

你曾说"家山回首三千里，
目断山南无雁飞。"
纵范锜治愈了你的疾病，
又怎能恢复大宋元气。
虽守成中兴，赵构也难免
不向金人求和。

得胜桥头，新安庙外，
也只神祇一个。
太多的枝条已经腐朽，

直到那大树
轰然倒下，
挡住了，所有出路。

王十朋夜宿涤虑轩

当《我和你》响起，
南官河格外清澈：
鱼儿停止游动，
在那水中倾听。

遥想绍兴三十一年，
谁又能听见这美妙歌声。
那时你夜宿妙智院，
也只享受了一夜幽静。

世界依然一片喧嚣，
可你既然已一头撞进殿堂，
岂容那些人一而再地
误国植党，蔽贤欺君。

锋利菜刀当然割不尽小葱，
一地一地，一茬一茬，
自然伟力也抹不了斑斑锈迹，
可是春风啊终于降临。

○ 李明亮

墙上长出的枝叶

在一个巷口，我一转身
看见一簇枝叶
从离地两尺来高的墙面长出来
绿色那么浓
宽宽圆圆的叶片
就像孩子伸过来的手

我盯着，看了又看
不敢想象
那只有一根筷子粗的身子
如何用尽了所有的气力
修炼成一个众生膜拜的神
顶开层层的水泥和砖头
然后又卸下所有的铠甲和鳞片
沿着一道光的缝隙
站出来

躲雨

骑单车遇雨
青石板上的声音越来越大了
我只好栖身一个弄堂口

这条老街上的人
我每天都会见到他们
但叫不出名字
想在附近借个雨具
但如果走上前说明来意
估计人家也会觉得冒昧

上面是我昨天躲雨时
蹲在地上，背对着街巷
在手机上写下的几行
它当然不是诗
但在四周啪啪响的雨声里
我总不能一直傻傻地
看着街上
撑伞而过的人

在屋檐上寻找象征（组诗）

○ 六月雪

灰雕

在屋檐上寻找象征
像一个人回到故土辨认乡音
火焰或海水，祈愿或避难
人们仰着脖子，如迷路雄狮充满新奇观欲

那些年，那么些年
愿景在屋脊上若隐若现
街巷喧嚷的劳作之声使人分神
又使人安逸与遐思，老街朴素石阶发亮
某夏台风吹来冷静思考
我于雨中狂奔却陷入短暂休眠
一只凤凰浮想翔游新路线
某些语词飞扬略微张狂

消逝之语继续消逝下去
流淌之音保持流淌。人们还在寻找
龙尾像精神领袖斑驳而苍老
鲤鱼鲜活游弋且当天空是狂暴海洋
想象之自由，词语散落一地

福星桥

横跨在月河上
横跨过明清至现代
像一个词语跨越至另一个词语

绵亘至嘉靖年间，有个叫蔡德懋的孩子
家住福星桥边，父亲常牵他上桥嘱咐：
每个过桥之人，要有情有义
那些年，台风洪水泛滥
他长大后两次放粮赈济

不久，猖獗的倭寇从桥西头入侵
他组织青年在东头奋起抵御
终寡不敌众血染月河。民众为其建福星亭
如今桥亭仍旧，人久远矣

诸事如烟雨，唯有石莲果挤满桥身
桥上蹦跳着手拿棉花糖的小女孩
一种甜逾越百味而归
走远了的人又走了回来

长街之晨

长街半睡半醒在南官河里
新安桥上的石狮，在水流里打磨着晨曦
酒肆刚刚打烊，伙计刚过中桥回家
早起的糕店掌柜已在厨房忙碌
手工捣糕的敲击声，如东海的潮汐

卖芝桥船埠头，人声在水声中荡漾
汽船载来第一批处暑与霜降
也邮来斗笠、藤椅、草席、土布
街巷中，磨豆腐、做洋糕、蒸馒头的热气披星戴
月
屋檐之上，灰雕里的老虎与一个闲步的斑猫
同时注视着晨光的推衍与变迁

从邮亭路到石曲街
早市的讨价还价充满艺术
鼎沸了几个世纪的长街不会缩短
正如我们的词语不会减少，星辰与日光交替
迎接这昨日之日，亦是明日之日
时代斗转星移而长街依然
在南官河中洗濯着这无限繁衍之晨

皮影戏

我沉浸于长街的远古影像

兽皮在白布背后走动
语言传递民间艺术张力
一个将军挥动大刀，"噗！"砍断我的思绪
围观之人突然鼓掌。边上持续表演喷火
柴油侵蚀视觉，照亮过往的集体审美
"噢——"人群再次鼓掌
我忍不住伸出双手

灰雕里的狮子在屋檐上观察此景
行走屋顶上的艺术与操控影子的艺术
在十里长街相遇，戏剧里的祈安延续推演
人群密集推动着剧情发展
整条长街亢奋而热烈
另一场皮影戏情节

觅寻逐渐遗失的古韵

抵制着繁华
又贯穿起繁华
十里长街——在台州路桥
以它自己独特的存在方式
从南宋的褴褛深处绵延至今

作为现代路桥人名片的十里长街
是一块古色古香的手工薰皂，持久沁香
这里的每一个角落
都保持着对文化的敬仰与追溯——

字画、戏曲、服饰、古玩、小吃……
连消失在商业边缘的行当
在这里，都有其自然生存下来的秘方

你看，一串串红灯笼映红十里长街的双颊
影影绰绰中，细雨倾斜
每一次回眸都有三千零一个故事
踏上长满青苔的石板路
油纸伞下，你是否会相遇前朝的那个自己
亭角莞尔一笑，
很快又消失在依傍的南官河水中

长街诗歌

十里长街

○ 宋雪峰

用折扇开启时空之门，让怀旧的脚步
悬挂天空，点亮
人间。

街头，有古装男女走过。
炒板栗的香味，引诱了什么，
又被别的什么引诱，一切都无关紧要。
河水漫漫，岁月望不到尽头。

石板路还在拔节生长，噼噼啪啪
永无止境。湿润的空气，弥漫着
某些事物的蛛丝马迹。

不得不承认，月亮是位好演员。
轻盈与虚无，时刻都在生发，
有益或无益的意义，随风消散。

有点喜欢这里了，想在这里融入时光。
写诗、画画，游走于笔墨间。
住在线装书里，与蠹鱼为伴，
与方块字称兄道弟。

○ 奎之

十里长街，我所向往的慢生活

路桥是商都
十里长街自古就是商街
它的灵魂就是路桥的灵魂
来我们路桥
没去过十里长街
等于是没来过路桥

路桥的商气伴随着十里长街伸展延宕开去
路桥的故事便在这里生根发芽
千百年来
南官河水悠悠地流淌
十里长街枕岸而居
这里留下了穿街而过的吆喝声
这里也留下了车辙的道道印痕

你可能走过中国的很多老街
十里长街也许能让你走出不一样的韵味

从中盛城市的繁华到十里长街的静谧
从快节奏踏入慢生活
只是一个转身的距离
闹中取幽的感觉
或许你这辈子都无法忘怀

踩在青石板路
看青砖黛瓦，回廊窗格
观小桥流水，岸边人家
我们心底的些许不安与躁动
那些功名与利禄
都会随之烟消云散

静静地闲适地漫步于十里长街
我们能感受到老街的古朴与厚重
在这美好的柔软时光里
尽情地发呆抑或疗伤
尽情地停留或者做梦
都是不错的选择

十里长街
我所向往的慢生活
让我们在这里歇歇脚
让灵魂跟上我们的梦想

长街诗歌

路桥，我梦中的情人

南官河的流水载动着昨日小楼的影子
她在幽暗的夜色里砥砺前行
她，正沐浴着苍穹皓月
守候着一方文化

她是一个令人留连的所在
摇曳着我全部思绪
埋藏在沃土的深情
那是我钟灵毓秀的痴迷

她，路桥，我梦中的情人
枕着河流
在睡枕上微笑

巷子

○ 周怡

奶奶家在十里长街，是
我少年的旧居
门前有条窄窄的巷子
只能容纳一人堪堪通过

奶奶时常抱怨邻居占了地
天空只剩下一条缝透着蓝
连阳光都不曾洒进我们家的大门
斑驳的墙壁上长满了苔藓

后来啊
奶奶把我们家的围墙
推倒，种上了许多可爱的植物
在花期未至时，一片素净

东风十里，邻居家的门口
多了一丛金灿灿的迎春花

老街都市

○ 朱文朝

每一座城市，都有每一座城市的记忆
——题记

如果惊叹南官河淌成青铜器畅想
搜寻历史的你可曾记起
喧闹的都市中央
有一条两米多宽、光滑平整的石板"小道"
蜿蜒在飞檐斗拱、高下参差、斑驳矮旧的
楼阁亭台之间
假如在意三桥桥面爬上墨绿色青苔
多愁善感的你可曾看到
有一条紧靠南官河的十里长街
厚重成这座城市的回忆

咫尺恍如千年

轻轨轮轨的撞击

南官河边的十里长街上
那道马脖子上铃铛的悠扬 记忆
有谁在历史长河中重新捞起
风雨捎走
傍着长街那一列列船埠头上昏黄马灯
也捎走一块块栓船桩曾经锃亮颜色
——颓废的重金属
悄悄
谋杀了摇曳千年的棹橹船歌

稀落的骚人墨客眼睛里
当年的羽扇纶巾、巨贾泥足、三教九流、吏役淑女
酒旗……
依然停驻在眼前
这一扇扇、一道道色彩斑驳、式样不一的窗前门口
王侯将相、名伶圣士、燕雀驹犬珍草……
泛黄的雕廊画柱 溢出
当年浮华
庭院深深里的歌妓舞娘……

当时光的杠杆撬动历史巨轮缓缓驶离原点
当路桥商人的触手伸向世界每一个角落
昔日的辉煌注定让位新的场景

或许，应该是骄傲的
历史赋予的起点
在寸土寸金的浪潮冲击下
所保存与不保存的

长街诗歌

被打上"文明"或"文化"的烙印供奉在瞻仰的高位
城纪中
开埠前那个晨昏晚暮
长河边疏落低矮的房门口
那个小贩逐家忐忑、情怯的叫卖……
那家当铺开张时门轴生涩的转动……
永远
是这座城市精神的起点

○ 陈步清

梦回十里长街

那青砖白墙梦一般罗列
是民国的那片灰瓦
赤裸着风雨飘摇的木屋
十里长街被南官河紧紧缠绕
远处飘来糖炒栗的清香
淡淡的
又记起了你

在白露来临之前曝晒心事
九月的阳光依然炙热
像心头挥之不去的忧愁
它们日夜紧迫窒息
压得人无法呼吸
福星桥的下弦月清凉
冷得连河里的老街都蒙上了水晕

长街诗歌

杨家里的太阳花开了又谢
从这里走来一位明媚的少年
有几度他在此追梦踏雪
五月的鉴湖水冰凉着肌肤
他的灵魂从湖心亭移居小麦地
最后流放长街垒起了一堆堆草垛
年老后他用笔亲手将梦想埋葬

路与桥相连的街道
梦与水交融的地方
一切都从邮亭驿打马而过了
一路的桂花香
沉醉又清醒的回乡方向
向着一个叫做十里长街的地方
飞翔

青石老街的向晚

向晚的青石老街是两侧高耸的砖墙
街角里散落着影影绰绰的花草
闪烁的古灯在狭长通道里弄起光影
它们包藏覆盖着表情木然的行人
传来木拖鞋与青石板相互扣击的响声

青石老街的向晚是一曲本地乱弹
咿呀声里有二胡与大提琴争宠

土埂与琵琶也有可能在这里相遇
它们述说着浑浊不清的言语
舒缓的旋律与老街的风景纠缠不清

向晚的青石老街是老话"庙对庙"的惊喜
老远就可以看见二道卷洞的辕门
上书"岱宗之岳""泰岳威灵"的字样
关帝和东岳两庙气势宏伟均势两立
石桥与流水，香火与社戏，都在这里合理相遇

青石老街的向晚喜欢一个人去徜徉
潮湿的石板黯然的灯光掩藏了繁华往昔
躲在青石街道爬满青蔓的转角
仿佛欣赏一曲随时都会上演的戏文
欢笑，哭泣，相逢，转身……

秋天的等候

那个秋天，我好像
就坐在你的屋檐下
等待落叶，等待人尖之雪
像风抚过黑瓦的双手
那些弯曲的迷惘
自十里长街延向远方

有一次，我坐在
你的后廊檐上

长街诗歌

悄悄欣赏
山水泾口上河水悠悠
你的背影
宛如一管箫笛浅吟低唱
你的灵魂
抛开了冗长的躯壳

这个秋天
我就这样坐着
在一段日子之后
我决定忽略
忽略时间，忽略记忆
忽略夕阳，忽略落叶

走过了秋天
然后，我就听见廿五间屋瓦上
有雪雪籽踩下的响声
还有，你喜欢的
冬天蓝色的布绒花，开满整条街道
那里有你希翼的
温暖

我一直都想坐在长街上
等候秋天慢慢过去
等候快船埠头的春天早些来临
那时候
便有满载泼剌黄鱼的路桥船
如飞一般
摇进了，你的眼睛

十里与长街

○ 许青青

一

当十里遇见长街
它们的故事是风，也是雨
当我遇到十里长街
我愿化作一滴泪，在木板、木窗
在一切的古韵中修行

邂逅，是长街最美的解释
行走在青石小路上
一间木屋挨着一间
轻扣木门，门后是否藏有春天的诗句？
平仄中，听风雨浅唱十里与长街的故事

二

十里长街，以小桥流水翻动历史的河流
这里曾是商贩梦想中的江南
灯火通明，纯真遇上繁华
是十里与长街的水乡

记忆中，儿时的十里长街
很遥远，很遥远
十里，似乎在天空的另一段
比远方还远
现在的十里长街
是四个字的距离

三

青石在烟雨中似乎变得柔软
在不同的梦境里
浸染着湿润的江南
长街的美，长街的丽
是十里的美丽
是路桥人生活作息的朝夕

四

长街之美，在于十里的邂逅
十里长街是路桥的一阙旧词

古典、婉约而又悠远
小船、流水，盛满了几代人的梦
所有的回忆，装满线装书
白纸黑字，反复解读十里与长街的故事

○ 葛亚夫

一弯月河，递过十里长街的秋波

一弯月河，递过十里长街的秋波
临水照影，人和影都被妆饰
时光的波澜里有山和海市蜃楼
油纸伞下的故事，调理得眉清目秀
涟漪的田字格，密密麻麻
写满月河的驻颜秘方和隐秘

水清浅，薄，还藏不起绿头鸭
云轻盈，飞鸟的吴侬软语
总是踩不住一首诗的韵律和平仄
流水的唱和也五音不全
但这些并不妨碍他们的欢乐
在天上，也在水中……
一首两小无猜，骑竹马，弄青梅
就像月河或南官河，
爱一次，换个名字再爱一次
没有任何污染，没有一丝邪念

乌篷船操着明清的方言和语调
划过水里的廊、桥、弄、街……
在磨石桥下压低身，转进十里长街
橹桨摇呀摇，像摇摆的手臂
摇到正梳妆的小轩窗
摇到落花流水的桃花笺
摇到爱的故乡和乡愁的童年

瞧，月河的桥

得胜桥，福星桥，新安桥，塘桥……
在路桥十里长街
路即是桥，桥即是路
时光和时间都悲喜自渡于桥
梁桥，拱桥，单孔桥，多孔桥……
像脐带，哺育了江南水乡的繁华
以及爱的天上人间

春色自新安桥愈加心安
清水桥微醺，临摹长龙卧波
福星桥畔，邮亭古驿快马加鞭
投递一封历史的衣带诏
福星桥多像一句贺词
——福星盈门，福星高照

循着老马路桥，推敲青石板的老
顶黛瓦，二层斗式吊楼

长街诗歌

廊下栖有花鸟、虫鱼和先祖
也有烟雨的诗和远方
草篆字体的历史里
光影水彩里的时光和行人
正从一座座桥走进爱的起承转合

遇见月河，就遇见了月老

长街多么好心肠，只容得下
两个人，并肩而行
一步一摩擦，一碰一心动
赶出藏匿的那只小鹿
青石板也善解人意，恰到好处
滑。把时间拉长
兑换为两个人相依相偎的时光
足够小鹿走一程，等一程
老墙拥有古老的智慧
只是悄悄地伸出青苔的裹脚
就化解了羞赧，送上爱情一程
如果还矜持，天就作美
来一场烟雨，这丘比特的箭矢
把小鹿围猎进屋檐下
让两人面对面，呼吸对呼吸
心跳"啪"的点燃脸颊
也渐次点燃暮色里的红灯笼
给一场爱情盖上红盖头
让私定终身有了见证和祝福
遇见月河，就遇见了月老

十里长街,江南水乡的又一页葱茏(组诗)

○ 方向

一

你不会老去的，也不会
忘却那些摇着桨叶，摇着山水谣的一只只大手

不会在明清的呼唤、民国的唱腔中
失去一双双灵动的眼神、一滴滴繁华与峥嵘

只是中途的这一小截时光
被风压弯了一些、塌陷了一些
不影响千里迢迢闻声而来的脚步，再踏入一曲水乡

不影响我在此，沿着十里风雨长廊
抵达依然葱茏的奇闻轶事、昌阁书声

不影响水中沉淀的事物，再一次浮上水面与我相见

二

今天，那些敞开的木门、木窗、木纹
住着我的诗、我的词、我的赋、我无法割舍的乡愁

歌已经重新找到了传承人，他们怀中的
路桥、十里长街
正在一点点复苏、一点点返青

乡愁的部分，依然是 2000 年主题的关键词
我依附在某一点上，像一片受凉的黑瓦
前半部隐隐作痛、后半部异常冷静

歌，独树一家
它和你的最初印象一样
有模糊的一面，也有清晰的一面

三

今天，沿着南官河向前走
我才知道，你对 820 滴不能忘怀的乡愁
说出的每一个字，被时间检验后
都叫路桥文化、路桥悲欢、路桥渊源

才知道，2100 个一路摊开的名词、动词、形容词

都已生成了乡音、乡情、乡结

轻风一次次提到的砖瓦、石头、木头、南北方言
斗吊式印修辞音，都在一滴深思坐着
从未离开过

摸着一行行斑驳时，你那么愿意想把留在十里烟云的
高低音
一一唱出来

四

我在走，在一个长音节里行走
在你苍凉与冷静中行走

每一步都可能相遇那些停在木质里的回音
它们仍然保持着千年的动感、美感、优越感
保持一滴清澈的原始动态

我看见浙东，从汉卷里
大步走过来，看见少年台州
在此落下的一笔笔风流才情

看见石曲街上的流水，与河西街上的月光
朝同一个方向涌动

五

你不会老，不会用一些安静的眼神
去拒绝一只继续筑巢的燕子

只有它们可以不受时光的制约
春天剪开春花、秋天开剪苍茫
月光下，小心梳理落在檐口的明结、暗结、沉默、仰望

此时，我一个人穿过这沉寂、这惆怅、这粘稠
一个人捂着葱茏的乡愁，向前走

街上，我期盼着
有一双明亮的眼神，能认出我胸中的十里长街
能把一滴用旧的娑婆，还原我

十里长街

○ 李宁

在卖芝桥头睡去，忘掉生活的细节
一片树叶落下
另一片也会落下，时光的锋芒上
落满生命的足印
昆虫。江水。等到下一次黎明
会再次轮回
我靠近路桥相连的关节，黄昏之上
唯有辽阔的经书
讲给我命运
我的命与水有关，所有短暂的美都像一江水
水中孕育的汉语
我读到两个字——路桥

沿着南官河
每一座桥都是纯洁的呼吸
头顶的鸟将飞向下一个季节

她从水中拾起鸟鸣和光
每一座桥骨肉相连
仿佛一只嘴唇与另一只接吻

雨水只在花中，像一场旧的时光
揣着微风里的初恋
所有爱着路桥的人都有瓷质的脸颊
为了真善，初心
每一颗倾听过路桥的心
都有一朵光阴之花

在路桥
桥有桥的名字，路有路的名字
唯有遍地足印
属于我们，像一枚弯弯的月亮
挂在白色的衣襟
唯有铭记，
可以回到我们再未回到的时光

读懂十里长街的叙事，就读懂了一座古镇

○ 郑安江

在路桥，十里长街的伸展化为一根装订线
折叠的春秋和逶迤的历史被连缀成卷
追溯两千年商贾云集、市声鼎沸的繁盛气象
挥之不去的感怀，被刻写成经典

南官河绵绵不尽的水声，将岁月的锈迹
打磨干净
斗式吊楼上的明月与乡愁里的明月
必是同一轮，在轻轻吟诵中
铺作青石板上那行起伏的韵脚

每一扇窗口，都流动着熟稔的眼神
它来自明清，南宋，或是来自
更早的东汉
跨过前面那座古桥，迎面遇到的
一声惊喜与好奇，也许正是来自

那部已经很旧很旧的古籍

慢下脚步。别错过斗拱上那些木雕图案的
精彩与细腻
读那些草木花卉，读那些飞禽走兽
在幽深的往事里，安顿一盏盏灯火
在走走停停之间，一再回眸顾盼

那些庙宇，还静静地等在那儿
光阴正在一点点陈旧，可是
心愿的繁星依旧干净如初
邮亭驿站也还静静地等在那儿
对一条老街的张望里，写满了期盼

在小酒馆安谧的一隅落座
将时光斟入酒杯慢慢品味
房檐坠落的滴雨，把石头一次次洗亮
河水泛起粼粼波纹，荡漾着心头的思绪
很多旧事的影子，像绿植上脱落的叶子
被流水载走

与迎面邂逅的那个朝代打声招呼
我们跟着这条老街越走越远了
趟过浅浅的月光，我们怀揣那些留存的念想
在一帧古色古香的梦境里
越走越深，越走越深

路桥语，或十里长街的咏叹调

○ 温勇智

南官河，似一支流动的簪子
插在路桥，一滴时间从吊楼坠下来
像一枚鸟声，划破水面褶皱里的记忆
斗拱上的人物、飞禽、走兽和花鸟
开始有灵有性，亦步亦趋到南官河照镜子
是谁迈过十里长街，让吴语越调在水面打滑
那些弄堂，那些古桥，那些街衢，那些庙宇，那些故居
都醉在十里长街慢悠悠的时光中
缝隙上，一株小草剔着长街的骨架
我知道，多年来，一个又一个有温度的名字
被路桥放进家族史
王羲之、鉴真、叶适、黄绾、陶宗仪、陈安宝、陈树亮——
一半乡愁伴结，一半又焕发着日月的光晕
且再唤你一声路桥
淡雅的水墨里，十里长街，就地重生
敢问客官，你要哪间客房

每一间，都临水照影
足你一读十里长街的黛瓦粉墙、飞檐漏窗
足你一览十里长街的卧波石桥、长街曲巷
足你一闻十里长街的流水轻吟、桨橹浅唱
还应该有一面挂起的帘幌
风吹帘动，一点点把南官河水的影子
收拾干净。这样，你和我
就能在古今中穿梭
就此驻足吧。将一串履痕嵌进青石板
穿过唐宋的晨曦和明清的黄昏
临水的埠头，谁还在痴痴地等
在微澜中，一双功利耳朵听不到的动人心曲
正与你应和。迷离，而又涟漪
流水退掉原籍，在路桥改换门庭
掀开一座安静的院落
和南官河交换乌篷的橹声
274 平方公里的爱情，足够你安家落户
庙对庙，桥上市，阴阳水
填词的人举着油纸伞，抵达新时代
十里长街，一手牵着古韵，一手挽着新雅
流水不断增删着情节，而风雨中带走的几片
成为了十里长街让人无法回避的影子
我来，只要在十里长街铺好的宣纸之上
绘美绘爱绘奇迹
我是过客，饮二两秋风，喝一口乡愁
也把姓氏种植在水里，种植在十里长街
再也不想离开。只想
让身心永远居住在路桥

十里长街

○ 焦水奇

十里长街，东汉的风把你吹来，
沿着密织的河网流淌水
具象的宋词是你繁华的驿站，时间的轴上
商埠流淌的梦境灿烂如花

十里长街
斗式吊楼
厚重的墙砖
三角撑雕，雕尽飞禽走兽的门楣
墨一样黑的瓦片
还有那的满地青石板
藏一隅清幽，
触摸的古埠气息，明清的老屋
深宅，古意，斑驳了花间词

十里长街

长街诗歌

乘舟来了又去的背影，
越远，越清晰
楼幢和草木，彼此掩映
影子和影子，彼此重叠
时间从容
这是一片商业的热土
引得脚步平平仄仄

是那一张粼粼波光的水网
把一座城写在未来
写在鳞次栉比的高楼间
就让热血沸腾吧！
在这片土地上
干事创业，你可以把日子精雕细琢
也可以把理想放飞到最高远的时空

南官河的水意
一轮明月或是一弯新月
在千年的柔波里发光
照见了台州的嫡传
在十里长街，没有人否认
水墨的画卷是柔软的
那是一种水意粼粼的表达
千年的古长轴隽永绵长
盛满了深远博大的历史华章
也成就了后人的景仰

长街乡愁

○ 易玉梅

我们就住在路桥闹市区的南官河畔
隔壁墙上还渗透着上海滩花瓣的暗香
裁一块星空做我们的天花板吧
我就是这小桥流水人家的童话国王
经过风雨、霜雪和雷电的侵袭
我们才构筑这所存放千年梦想的新房

水一边，街一边。十里长街悄然点亮锦绣江南
岁月深处流水般的沧桑雅集艳了一袭茉莉花香
丝丝细雨穿不透古客栈的屋檐
飞檐灰雕却能穿透鱼米之乡的愁绪一腔
桃花屋走出的木刻年画做了桃花梦的信使
除了给我们传递四季金仓湖的消息
潜心作画的淡墨还告诉我们酿造甜蜜的秘方

蝴蝶仿照我们房子的颜色涂抹她的花衣裳

昆曲名伶徘徊的身影牵动远方的沉暗与鲜亮
一弯郏家里民居繁华图在水影里恣意荡漾
中南海强劲的风吹醒和谐共存的人与自然
邮亭街、三桥街以及石曲街等三条东西走向的横街
默契配合一条南北走向的长长的直街，恰好称王

阿娇一柄粉红伞下坐北朝南
夜色里凝结的那个爱意彷徨
陡门宫奉祀抗倭牺牲的孔、傅、朱、章四员大将
依然在不远处的两簇丁香与你对望
曾经承载过离情的南官河如同一管箫笛浅吟低唱
浪花中飞出枕水人家的小船
古历每旬逢三和逢八的日子逃不过春雨的淅淅沥沥
前店后厂斑驳的古墙写尽数百年沧桑
石曲老街该不该折回来一时难以定论
小猫小狗触摸活态的文化我们穿越时空
脚下凹凸不平也能走出美好的向往

雕梁画栋炊燃河埠头长长的古琴评弹
石狮守卫阿婆煮熟喷香的花瓣饭
新安桥上呆望着妙龄女子的旗袍秀任心海飞扬
说是吃讲茶却忘了为我们推杯换盏
做几个花瓣菜，饮几盅花瓣酒
时尚女装一条街把金碧辉煌写在你花瓣的脸蛋

你要画画，我给你准备花瓣
铁锤与镰刀锻打在蓓蕾花开慈善计划书上
为台州路桥画下花瓣的一夜吉祥

沐浴着灿烂的阳光，每一朵花都是一个梦境
共产党人在十里长街与数以百万的花朵相遇
突然间就拥有了百万个梦境的斑斓
亲爱的，你此刻就藏在百万花朵的心脏
我摘下一朵花儿去寻找长长的乡愁
发现下里桥头高大的古樟树度过百万次欢欣
也躲不过百万次革故鼎新的梦幻

新田园、新生活、新江南
百万个梦境在一片名叫十里长街的花朵狂欢
让我们在古时最繁华的廿五间了却长长的乡愁吧
借着夜色与花香酿造我们迷人的灿烂

相恋十里长街

○ 杜文瑜

流水和街巷近在咫尺
当我站在这些桥上，许多年代已经过去了
在浙东路桥行走
有一种来自古典音乐的温暖
让我们重温陈年旧味

说及它的前世，南官河纵贯路桥小镇南北
沿河而筑的木石结构的带有阁楼的房子
让这座古镇活得风风光光
昨夜翻动一片樟木的陈皮
一棵蔺草晾晒后的心情似月
朗照——千年往事
有的消失，有的写进了书里

南官河又叫月河，月河似乎更眷恋

路桥这个地方
她波澜不惊，随遇而安
就像这老字号街衢
越来越让人依依不舍

在满街风声雨声中
人们穿梭修行
飞檐上灰雕的龙、凤、象依然栩栩如生
像是守候什么，又像是祈祷什么
每一只脚前都有一个家园
每个人的体内都有一条运河

宋朝的身姿和明朝的笑容都只出现在梦中
商人，旅人，官人，农家人在眼前交织
劳苦的妹妹在巷口叫卖鲜花、蔬菜
林立的店铺在巷中踱步黄昏
青果的媚眼闪过，略有所思
流水的眼角闪过
茶楼酒肆和货栈绸庄，相映成趣

石板上，斑驳的凹坑和从前一样
只要伸出手就能触摸到书圣王羲之墨池
古驿亭、读书楼、古戏台的遗风流韵
哦，一条十里长街，正是那失而复得的
滨水闹市

终有现代版的吴越王钱缪
从巷子走进走出，断断续续

用手型的莲花
为时代顶礼
往前走会看见
豪门名士桃梅杏李纷呈
他们与我们相安无事
一次次失之交臂
又一次次蓦然相逢

一如南官河玉体般横陈的美好
穿越时空
它在小桥流水的江南台州，与沿河名镇一脉相承
她的灵魂是一艘不系之舟
用斑驳的青石，读懂了沧桑
用运河流水，读懂了爱情
在一曲十里长街历史文化街区振兴中重新起舞
且去舞中找寻，生命和灵魂之必需
也说给远方或近处的你

最后，我要说的十里长街尽是百尺高楼
它是一道风景线而非摆设
路桥，路桥
百路千桥万户商
王羲之墨池，昌阁书声，月河吟社

路桥之下，十里长街

○ 炭芽

我脚下的路此去经年，
你眼里的桥望断天涯。
多年来，我被一个梦反复灼伤，
梦里，长街十里有春风，
星河万顷泊佳人。
华灯初上，人群熙攘，
没有一处风景甘于寂寞，
可你沐雨而来，
是那繁华深处的一点流萤，
晕开我余生悔恨的轮廓。

长夜啊，长夜，
你遇人不淑，
八百里月光如旧，
而我只是一个疲于奔命的商贾。

长街诗歌

我们数尽誓言，
终也未能相守。
从前，你泪断南官河，
也留不住我过往如烟；
如今，我踏破青石，
也赎不回你韶华似梦。
云卷云舒，缘聚缘散，
有谁看见曾几何时，
路桥之下清水流，
十里长街明月出，
爱而不得，恨而不能。

十里长街——一本厚重的史书

○ 伍玉仪

春雨绵绵笼罩着路桥十里长街，
小桥流水浮现烟雨江南的神韵，
丝丝的雨雾像一组琵琶的弦，
悠悠地拨响着古老的琴音。

青青的石板路是一本本厚重的史书，
始于宋代鼎盛于明清，
曾经它是商贾云集的繁华之地，
我遥想当年清明上河图的盛况，
长衫曳地，衣香鬓影的古人穿梭街道。
两旁店铺叫卖声声游人如织。

深巷处粉壁黛瓦的墙壁徽派建筑，
经历多少世纪的洗礼显得斑驳，
构造了它古老与沧桑的基调。

长街诗歌

推开二楼一扇镂木花窗，
想象那少女倚窗沉思的场景。
斑驳的墙壁木板，
犹如步履蹒跚的老人，
还原当年的风貌。

古色古香的新安桥下，
乌篷船穿梭过往的岁月，
南官河沉淀了多少历史的故事。
东岳庙香火依旧寄托人们祈盼，
邮亭古驿建于汉朝泛着浓浓的乡愁。
几个女子身穿汉服撑着雨伞，
站在福星桥上摆动丝巾，
增添了妩媚的风景。

夜色下迷人古灯璀璨旗幡飘动，
红色的灯笼飘逸映照古巷，
一弯月色如钓淌在水中飘动，
古老建筑、弯弯河道、庙宇
浸润在月夜的河流中浮沉，
古筝声声扣击人的心弦，
每一寸时光都令人回味。

江浙自古就有江南水乡的共性，
宅屋临水而建，水水相连。
走进怀旧的茶馆，
品一壶清茶，听一曲评弹，
将世事抛散于乐曲外。

看窗外流水花开花落，
盈盈清水，悠悠木船，
浓浓的诗情已塞满大脑的时空，
情感早已嵌入灵魂的诗笺，
路桥十里长街，
写不完的诗意人生。

长街诗歌

福星桥，在十里长街嫁接岁月

○ 徐东颜

一

跨越时代的距离相遇时代
用美的编年史对抗时间

弧形的单孔孤独中独立
在南官河上置身于历史的长河

看世事沧桑，看水是水
光滑的石板被物化时已被童话

河水带走了很多东西
福星桥却囚禁了坐贾行商的脚步

蝴蝶振翅，唯石狮子一动不动

拥挤的藤蔓年年卷土重来

653 年了，福星桥肯定自己的位置
否定承载了永恒

只承认抗击倭寇，辽阔过蔡德懋的目光
1552 年杀鬼子，真过瘾啊

二

福星桥性格内敛
桥身的四面八方却是沸腾的生活
每块青石都是路桥人的根
灵魂的见证者

权力易致幻觉
而福星桥擅长集聚南来北往的吆喝声
凭一己喜好孵化通衢
免疫路桥人的喜怒哀乐

我知道稀缺的就是有价值的
独一无二的福星桥
用 14 米长的腰身守住底线
红利十里长街，复利台州路桥

不动声色是福星桥唯一的颜色
如白鹭在空中划出的弧线

长街诗歌

折射南官河水，反射振翮的躯体
无人察觉，张大嘴巴的石狮坚守自己的领地

三

福星桥激活了枕水人家的脚步
复活了飞檐灰雕里的山水

福星桥最先体会尘世生活的重力
在压力中解放自己

学会白鹤亮翅，以仪式的方式
吻合梦境里的意识与心理，天马行空

传递相似的幸福，疏导不幸的个性
沿逐级的台阶走进走出

为风土民情寻找生活的定义
用 8 米的净跨归纳出浪漫主义

无需雄辩，福星桥肉体的本能已结晶精神
穿插于历史与现代，穿梭于时光古韵

在路桥，到处是福星的疆域
包括分蘖的条条街巷，嫁接的沧桑岁月

十里长街，路桥镌刻的诗意或礼赞

○ 袁斗成

江南太大　跟随南官河回家
波影提着信仰的力量惊动了映像和锦绣
擦试了明媚一朵朵调皮的浪花上
米　面　箩筐　糕点　蒲草也在匆匆赶路
我就知道南来北往　东拓西连的线条上
再漫长的光阴也会为十里长街停留

多少沧桑　多少风流纵身扑进水乡在线
一座披着月色的石桥低头亲吻着玉带
就像我　跟随春风批阅着浙里人家和枕水人家重叠的
禅韵画卷
划一叶乌篷船在金色稻浪澎湃的季节
与商贾云集　舟楫繁荣同行
寥寥几笔　历史和现代碰撞出变奏曲交给路桥
落花与流水涌动着青春的血液

弯弯的河装得下丰沛 弯弯的桥 弯弯的月举起了灵魂
水一边 街一边串联了弯弯的思念
风雨是磨砺 侵蚀是奖赏
白墙黑瓦站着不动也把家的记忆传递
如果双腿踏上青石板依然会在古色古香里迷失
金碧辉煌的陡门宫指引了正确方向
提一盏月河渔火温暖着我 也温暖着别人
在两千多年经卷彼此温暖着灵与肉的喻体
俨然关帝的忠诚 旺盛的香火点燃了精神烈焰就不会
熄灭

道道霞光学会了穿街过巷 山歌就在那边和
信手拈来木门花窗 雕花台门
一字排开的石曲街 邮亭街 路南街 下里街 河西街
缀满了宋词的豪放与人间万象
熙熙攘攘的裁缝店 米市 铁匠 桶匠 理发店 肉行
把乡音 乡韵 乡愁全部典当
却又从来不会交易梦想和未来

风中挺立的旗杆石看透了船来船往
转角就是如洗的墨池比谁都更有激情和灵性
捧读家风的任何一页 新安桥 福星桥 磨石桥 偶尔打
个盹
飞檐翘角 亭台楼阁 假山叠石也在低吟浅唱
声声丝竹沿着上善若水手写心灵的诗经
不问年代 不问距离
大戏台引领盛大演出总能精确预测归来的游子驮
负了家书

就像一砖一瓦与乡愁等高　甚至只比天空低些许
目光与春潮平行　吊楼从不珍藏智慧和光芒
一雕一凿让人声鼎沸　高朋满座　诗词歌赋占据
了心灵制高点
抬头是一线天　俯身是声光水舞　水岸月影折叠
的卷轴
文运兴旺是比命更宝贵的种子
十里长街就是一座城的风骨　说着路桥的母语
讲着路桥的故事
一幅流动着的清明上河图自有诗意滔滔不绝

枝繁叶茂的古樟树与孤独　寂寥为伴
就像我的祖先提着大红灯笼反复照亮了精神原乡
如果说民宿　书店　酒吧是起起伏伏的命运迎来
自省和创新
姜汤面　八宝饭依然喂养了厚重乡土完成了情感
皈依
庭院深深　小巷深深一遍遍移步换景
爱也深深　情也深深固定了乡愁的坐标和经纬
就在古韵今遇里唱着　哼着俗世琴音
小桥流水就是一滴一滴相思的泪花　流着流着酿
造花间一壶酒

长街诗歌

十里长街恋歌（组诗）

○ 路志宽

十里长街，十里长街
我清清醒醒地走来
在路桥十里长街，却迷迷离离地沉醉
似乎每一处的景点
都是一个醉美的诗意意象
在十里长街，让诗与远方变得苍白无力

一艘乌篷船，划开一个烟雨朦胧的江南小镇
从人间抵达天堂，十里长街的任何一艘乌篷船
都是渡你的天舟

收敛起飞翔的翅膀，停泊下追逐的脚步
在十里长街，我安放下自己的一颗心
用十里长街的古韵用十里长街的静谧用十里长街
的诗意

豢养我心中的美好，人在十里长街
沉醉，是无法躲避的美与魅

水韵十里长街

在十里长街，水是别样的镜子
也是别样的血液，更是别样的风景

于是，一片碧水里的十里长街
是干净的，干净是一切轻松与幸福的源头
在十里长街，水是你关于她最温柔与最粼粼的记忆
别说是一颗颗世俗之心了
就算是那不羁的清风与高傲的白云
也心甘情愿在这十里长街的碧水里
驻足或沉醉

水韵十里长街，水美十里长街
之后，关于这十里长街的回忆里
一幅幅的画面，越来越清晰明亮

十里长街的石桥

遇见大美的十里长街
连一座座的石质的桥
也学会了说话，也学会了那诗情画意的表达
站在这十里长街的碧水之上

一座座的十里长街石桥
见证着这十里长街的前世今生

十里长街石桥，你们是一个诗题
或一枚词牌，被诗情画意地醉美吟哦
石桥，是十里长街诗词里醉美的意象

在十里长街，遇见你的前世今生

○ 静夜听雨

"此地的路即桥，桥即路"
你也会发出同样感叹
沿新安桥，走在繁华的廿五间
沿街二层斗式吊楼是另一朝代的缩影
赶集人早已脱掉粗制棉麻，换上鲜亮的丝绸涤纶
在越来越荒废的河埠头等一艘船归
在下里桥桥北高大的古樟树下歇一歇脚
在南官河两边穿梭

人们穿过福星桥，它微微拱起的弧度
像极了一段略高于尘世，起伏的人生
这还不够鲜明
如果记忆有驻颜术
它一定是青蔓爬满了灰白的墙
古朴而又现代化的老街是有灵魂的

长街诗歌

它依次敞开
影像店，传统澡堂，老式理发店，手工食品作坊

行走在十里长街
一定要放慢脚步
仿佛门廊里摇椅上假寐的老人缓缓起身
那些四合院里的花草
木质门窗上的雕花
在风中猎猎，紧跟时代节奏的旗帜
以及每一个擦肩而过的人
有可能，都是你的前世

今生，因为此地
我们得以相见
这不是幻觉
在街巷深处蔓延的辉煌
永不褪色的日子
雨滴敲击青石板，发出哒哒马蹄声
也不是幻觉

十里长街 乡愁路桥

○ 胡庆军

在中国，叫"十里长街"的地方很多
南官河缓缓流过光阴，风吹拂着岸边的日子
一声呼喊可以把你的想象拉得很近又抛得很远

浙江台州的路桥古镇，被书写进多少乡愁
始建于宋代，鼎盛于晚清民国的十里长街
凝结着路桥人的幸福生活
一些老人坐在檐下、街边，聊天、晒太阳
低飞的燕子在街巷间忙碌，婉转的叽叽啾啾声
是古老的十里长街历史的回响

走在福星桥上，置身于历史的长河
能感觉到时空的交错感
能寻觅到路桥古镇历史和荣辱兴衰
老街上的"四合院"，古色古香

透露着历史的厚重感。十里长街
是路桥人的灵魂，路桥人的根

一位年近古稀的老爷爷，慵懒地依靠在座椅上酣睡
在他的鼾声里述说十里长街的历史、故事
让那些念旧的人会停下脚步认真听
搂过的一间间老房子，经过了多少个春秋
可拆卸的木板成了如今最具特色的"门窗"
目光之外，一半是古朴一半是繁华

路桥的历史，在细节处诠释了路桥的风土民情
悠久的历史留下了众多的文物古迹和人文景观
如今，"千年商埠"正向着现代版"清明上河图"
出发
历经沧桑的"十里长街"，充满历史文化韵味
是路桥繁华演进最好的"见证者"

十里长街上的遇见

○ 祝宝玉

一

走进路桥，那些阒静的诗句荡动
在温黄平原上滥觞
而十里长街披着朝霞的光彩，闪动撼人心魄的明芒
内心打开，洞察，解悟

如此根深连理，草木葱郁的南官河畔
梵音悠悠的妙智寺
一个铺开满坡的花香
一个写下时光的絮语
交相辉映。在十里长街上，壮游的诗者留下动人诗篇
从文字的火焰里淬炼出路桥的时代精神
春日十里长街，浓浓诗意，掀起幻美的波浪
那波浪轻轻拍打我的心扉

二

我行走，沿着十里长街
慨叹及迂回。一千年悠悠，在坚硬的汉字笔画里
变得温顺。挟裹着万千气势
在路桥，孕育辽阔沃土。从久远的苍古算起
那些陌生的事物变得熟稔

我多想以我的妙笔还原这里曾经的车水马龙
遥遥帆影，叠叠歌声
今朝，典故苍老，岁月荒芜
一曲笛音里，十里长街穿越时空的屏障
我们都沉浸在无限的安谧中，寻找到了真实的心灵

一条长街，就这样横贯
分隔了路桥的往昔和今朝，楼宇在郁葱间隐现
倘若俯瞰全景必须再登高，站在文昌阁
游弋的诗句在南官河上徘徊
从魏晋的风流中脱胎，接洽大唐宏韵
路桥之风流，可以集结成册

三

在人间行走，低头不语
用双脚感知路桥跳动的脉搏，当我抬头时
我会感激阳光的恩赐，感叹历史发展的缩影
这爱的神奇和博大可以打透所有的隔膜和壁垒

河西街、邮亭街、路北街、路南街、下里街、新路街
一条条密径，让我通往路桥
于立春之际，赶赴我与路桥的一场约会
在余晖和月光之间，我把自己落在一颗星星上
在它眨动眼睛的时候，给路桥一个惊奇

春色路桥，一阵阵鸟鸣撑起生机勃勃的场面
用那突如其来的，干净纯粹的春之斧钺
辟出大美，辟出幸福

长街诗歌

美在典雅十里长街的砥砺与追梦（组诗）

○ 黎芷

从荒芜拙朴中走来。生命如带血的杜鹃花
攥紧灵魂，就好比攥住渴望欣荣的修辞
上善路桥，绵延不绝的色彩鲜明，彰显
海州风情，一半是火焰，一半是水水的天堂

却是水火相融的。或典雅，做旧的古迹，遗址旋风
各色经幡，随风远飘。幻化的云烟，各据其主
而智慧路桥，十里长街背后故事却是精彩纷呈的

错落有致。南官河欸乃之声的祥和
江南水乡路桥古邑散落人间的熠熠星辰
企图融合，把一颗颗砂砾打磨成莹彩珍珠

呼风唤雨。商埠记忆瓯越传承雕琢的从容
像台州湾一朵浪花纠结着另一朵浪花

以匍匐祈祷的抒情方式，安放吉祥

改革窗口，台州城市发展中轴的支点落地生根
沉默而不动声色的描摹。这就是水墨渲染
长三角经济带中心城的尊容
浙东门户黄金海岸枢纽的声音开始振聋发聩

海纳百川文艺复兴，行云流水
就像大手牵小手的奔跑
水乡圣境，江南历史文化街区，路桥影像
古城老街开天辟地强强联手。一带一路且风生水起

科创驱动捷足先登。且把誓词，清冽的语境
无数盏被东海水打湿过的明灯，修复的沧桑与繁华
歌舞升平，恣意纵情。功德禅悟
一点一滴，一字一句，写在了温黄平原
金清水系，椒江，南官河水道温润过的
河湾街衢。水灵与生动，渐次吹开

漫漫湾区古香樟银杏的葳蕤，一波波含苞欲放的
迎春，牡丹，油菜花，芙蓉，暗香浮动
灵心慧性，大爱路桥的盐渍水魅，情牵之路
厚度与高度，归置的平台，就此鲜活

白驹过隙，沧海横流。广阔或浩淼
游向生命的根部，听见风，改变文明的进度
对峙那片蔚蓝，和拱壤而出的绿韵
堆积层叠。十里长街，澎湃的颂歌

激荡得海州人心旌摇晃

邮亭驿站，杨晨故居，东岳庙，福星桥，脱颖而出
透出的光，点亮了海丝重镇商贸古镇，
点亮古街老宅，复燃起的风花与雪月

雕梁画栋，泛彩的一层层希冀的胎衣
落定于椒江南官河潮音，河西街，石曲街七大街区
"庙对庙，桥上市，阴阳水"，路桥明清街屋
斗式吊楼非遗的一枚印玺里

探出的一枝柳影。有了诗与歌闪亮一笔
美在典雅十里长街的砥砺与追梦
重振雄风犀利的笔触，肆意泼洒
隐逸一种辉煌的走向，引领

天人合一。路桥十里长街文化载体，一定有阳光
撕扯过雾霾，锤炼背负的使命。浓烈的阵痛
剥茧抽丝的酝酿。春天迷失的花朵，沿着母亲河
找到了归家的路途。倦鸟泊翅，弘扬经典

十里长街，
每一步都遇见江南的沧桑与古朴

○ 马海洋

一

走进十里长街，第一步就踩在
宋朝的痛点。山河破碎，江南多浮萍
路桥恰逢了片刻的安宁，被历史
宠幸成一个镇。南官河画一条直线
平行或者垂直的石板路
穿过商铺与民居，交织水乡的生活
商人和游客络绎不绝，哀婉多词的宋朝
弥漫的乡愁哽咽着吴语

二

十里长街的第一步，始于邮亭
汉代的车马已经喧嚣了江南

百路千桥万户市，是缠绵的雨脚
一步一步滴答出的烟幕
历史穿上丝绸，坐着小船顺水南下
路桥延续着路的跨踏，桥的豪迈
没有时光可以倒流，兴衰与荣辱
都在南官河的不言之中

三

铺下第一块青石板，注定十里长街
在江南的与众不同。各色的工匠
雕琢着路桥的神奇，把传世的故事
折合成窗扇，细腻成花纹，装订进
每一片屋顶的瓦。滴水时刻，记忆的归途
变得势不可挡。桥是可以信步的衔接
纵横的水道编织着诺言，肥鱼和稻谷齐名
富庶的天下不可同日而语

四

香樟树忘记了，怎么定居三百年。粗壮而茂盛
简直是给路桥撑腰，给台州壮胆
十里长街有勇气，大张旗鼓的五桥月夜
文昌阁也能放开喉咙，朗朗书声有气韵
泾口山歌用来扫荡每个街口，拐弯之处
有人接应，有人无语，有人落荒而逃
三两个儿童顽皮，日子总能被臆想

鼓足碍手碍脚的皮球，抑或撞开缺口

五

轻衣小步，不能在十里长街惊醒暗藏的前世
路桥有过一些暗许。庙与庙相对打着哑语
路与路相接，彼此心照不宣。桥与桥私通
水与水等待一场哗变。十里长街是一方故土难离
还是他乡人吟咏月亮的灵犀之地
集市走的都是缘分的来去，担子里挑着
南船北车。十里长街是两千年的线索
每一步都能遇见江南的沧桑与古朴

十里长街写意，或抒情

○ 苏醒

情定海州。在北纬 28°逆光中行走，万尘归一
紧迫的事物，跌宕起伏的微澜，昂奋思想
历史遗存，抑扬顿挫，路桥诗颂华章
遇见十里长街，醒悟上升再出发

传播与运作。相信温黄平原，台州湾，抑或
海州首善之区典雅建筑民俗古风的雕琢
伟大创举，在历史文化名城的安坐，舒缓
相信金清水的涛声，瓯越骨节的旌麾
从会稽郡地，大宋江山辞章深处延伸拓展
《水经注》的临摹，通灵宝玉的禅定打开
商贸古街，惠风和畅，恍惚一枚绿叶的抒情

民族振兴，隐逸飞翔。为了一个海丝重镇
春天的故事，雕栏玉砌，引申的安逸

明礼修身。恰似，福星桥东岳庙冉冉的月华
邮亭驿站明澈的集合，缠绵，信马由缰
旷淼了，奔流而下的时间，或空间

古厝今容。情系产城融合的智造，绿美，共享
以花开的声音，低吟浅唱，鲜活的暖馨
时光开始滋生传奇，成长的经纶和论证

江南水乡十里长街地理标志，隐喻的
朗朗乾坤，以史为鉴。在改革大潮里沉潜
鳞光应对漩涡与暗流，储满，风声
雨滴，阳光，筛掉锈蚀，陈腐，杂质

略施粉黛地修复，一枚新词，取出火焰
安居的底色，让内心柔和。古桥廊道
庙宇民居充盈之美，提炼纯粹的芳菲
南官河水街铿锵的语调，真切，抬高了路桥
未来开拓的境界。古驿，商城，码头，港埠
和黎明，像一帧凯旋归来，茶马丝绸余晖

饕餮的诗情，游老街传文脉大气磅礴幕帷
风声渐紧。淬炼的清音，为了辽阔
桥上市阴阳水，把路桥玉石质地的回旋
十里长街更为浩淼的远景规划，植入体内
霓裳舞动，科技兴城百业待兴的光怪陆离
欸乃着我们的心跳之声，占卜开拓洪流

波澜也就壮阔了。椒江渔唱神说犹存

长街诗歌

河西石曲，家书抵万金山河落日还在
非遗传承保护与时俱进。一个哲人的呼吁
桀骜不驯的声浪还在。牡丹雍容凌霜傲骨
指归春望。路桥古韵今声，晨光夕照
颠簸和新风，开阔处独立。浙东建筑文化载体
互相的照耀，肃穆，妖娆，新的崛起

繁星闪烁，庙堂落雁，水乡秋月，平原水道
远方之远，是人心裂隙，紧密的团结
世间的仰望，或神话，春风铺天盖地
沉甸的古镇商埠底蕴，变得妩媚丛生

这时的清明，来自南官河的那汪蔚蓝
这里弥漫着迎春花芍药花油菜花五彩缤纷
动力之美。金清水系短笛轻吹，十里长街优雅
沧桑蝶变。从这儿，通往东海浪尖

月河谣（朗诵诗）

○ 李异

（方言童音）

一回潮上一回鲜，
紫蛤花蚶不计钱。
泼剌黄鱼长尺半，
如飞摇到路桥船。

（男声）

当年那个唱着船谣的老渔翁，
如今又在哪个埠头沽酒？
这光阴的网啊，
网不住似水流年。

（女声）

左手月河，右手长街，
今夜，福星桥下，竹篷船中，

不击桨，不贩鲜，
只等晚风，满河星光。

（男声）
在月河的怀抱中，
我是一个熟睡的婴儿，
梦见水埠边清脆的捣衣声，
梦见阁楼上吱呀的竹摇篮。

（女声）
在月河的柔情里，
我是一朵美丽的睡莲，
枕着流水的银辉悄然绽放，
绽放在梦里的云烟江南。

（男声）
我是陶宗仪怀归的浙江船，
不愿喧哗，只恐惊了故乡的父老。

（画外音）
奏赋不骑河苑马，怀归长梦浙江船。

（女声）
我是杨晨吟哦的诗句。
书楼不见，都化作一片桨声灯影。

（画外音）
双峰山映三汊水，十里街分五道桥。

（男声）

我是卖芝桥头早起的货郎，
拨郎鼓摇亮了水乡的黎明。

（方言童音）

天上落雨地下斑，手中无钱到处难。

（女声）

我是邮亭驿里乱弹的小旦，
一曲乡音戏，唱醉长街人。

（方言童音）

小旦菜头丝，味道实滋滋。

（男声）

一弯碧水家家月。

（女声）

十里长街路路桥。

（男声）

这条路，宋高宗踩过，
这座桥，方国珍修过。

（女声）

这轮月，王十朋吟过，
这道河，朱夫子浚过。

（男声）
路是桥的延绵，
桥是路的起点。

（女声）
月是河的守望，
河是月的牵挂。

（男声）
河水匆匆，带不走脉脉的眷恋。

（女声）
河水潺潺，说不尽恋恋的缠绵。

（女声）
河水涓涓，流淌着甜甜的亲情。

（女声）
河水清清，温暖了远去的童年。

（方言童音）
摇摇摇，摇摇摇，摇到外婆桥，
外婆叫我好宝宝，娘舅叫我吃糕糕。

（男声）
一条河，滋养了一条街。

（女声）

一条河，温润了一座城。

（男女声合）

一条河，哺育了一方人。

一条河，维系着万家心。

（方言童音）

摇摇摇，摇摇摇，摇到河西头，

河西头里好人家，四扇大门八朵花，

四扇大门，八——朵——花——

……

第三编　十里长街当代古体诗

新安六景（组诗）

○ 管彦达

邮亭春晓

杨柳青青斑马鸣，邮亭驿站自相迎。
清晨始发章安镇，次日如期东海城。
役马频添深夜草，厅堂早挂五更灯。
晓风残月通关处，旅邸官河入画屏。

右军墨池

造化追随天地间，兰亭会后更清闲。
辞官意欲泛沧海，观雁优游登灵山。
芳草古藤笼碧水，残碑断碣见书颜。
小池有幸成胜迹，应赖羲之涤砚斑。

妙智钟声

南慧原为蜀地僧，因何万里来东屏。
观音有意施灵感，霞彩无心绕堵紫。
少憩神像异不动，惊奇俗众共相迎。
人间苦难知多少，日日禅钟早晚鸣。

路桥载驾

金兵灭宋势如洪，赵构南逃落帽风。
山下廊低欺贵马，埠头堂暖护真龙。
滂沱大雨瓢盆泼，霹雳惊雷火杖红。
百姓架桥通道路，路桥载驾得皇封。

昌阁书声

昌阁书声压水声，当年文达讲儒经。
声传潞水鱼游息，话到人峰鸟不争。
蹈水佳人成烈女，登楼学子显诗名。
我来景仰凭临立，身在路桥杰俊城。

十里长街

十里长街昔日容，依山傍水走神龙。
邮亭驿递汉朝令，妙智寺敲宋代钟。
话月巷中新市客，枭糠桥上旧田农。
台州六县繁华地，要数路桥第一重。

长街诗歌

潞河八景（组诗）

○ 管彦达

拱桥春雨

水国春来景焕然，桃花照水水生烟。
随风水气来东海，带雾浓云遮远山。
杨柳垂丝并作雨，鲤鱼跳水笑渔船。
拱桥春雨无人渡，惊有红云移上天。

虹桥霁日

官河入市穿芳丛，两岸楼高气势宏。
天外移云开晴景，川间落照见长虹。
河清卜筑翰林宅，诗就频擎祭酒盅。
姹紫嫣红仙苑处，虹桥装点水晶宫。

潞水泛舟

仙乡梦境伴生涯，水秀山青到处家。
玉液客来沽闹市，霓虹灿亮就长街。
西山耸翠收云气，东海苍茫揽日华。
水面扁舟明镜里，四周一片武陵花。

五桥夜月

古镇长街别有天，亭台楼阁走飞檐。
街前时过风华女，街后川流桨桂船。
汤谷金乌回屋木，五桥水月映婵娟。
此情待与何人说，家住潞河夜不眠。

三汊塔影

双峰挺拔镇城西，上有浮图与日齐。
山色迎人开画卷，天光映日听晨鸡。
澄怀碧水鱼游乐，雅度轻风塔影迷。
山水泾通潞水处，鱼翔浅底鸟飞低。

鹭河渔火

暮罩双峰落太阳，霞光暗淡夜生凉。
华灯未上长街静，捕具齐全潞水忙。
夜静已教催鸟梦，更深不碍羡鱼香。
阑珊渔火天将晓，雾满长河露满舱。

松塘晚步

河边杨柳挂夕阳，岸上街坊红粉墙。
流水河清鱼行乐，春山岭翠云徜徉。
闲来漫步河堤上，四面花开百草芳。
云影长随流水淌，鹭河白鹭染红装。

石曲棹歌

石曲人家住水湾，初阳照水水生烟。
山风时带空中客，宝马奔驰道路喧。
两岸垂杨摇碧落，一江春水载渔船。
水声唤醒水乡梦，好唱棹歌过绿川。

○ 蔡士达

古街福星桥

拱砌琅环缀绿苔，桥边商旅共徘徊。
繁华淡褪古街事，唯见南官碧水来。

又见章家里船埠头

石街轻踩踵音长，廊隐河栏纳夏凉。
人道埠头交易处，曾经熙攘远名扬。

○ 徐吉鸿

莺啼序·路桥情

清辉正盈桂苑，洒朱楼绮户。凤来晚，栖入庭梧，几片黄叶翩舞。波光闪，流萤懒咜，凉风习习吹蕉树。渐秋浓浙地，羁人独坐无语。

十里长街，白墙黑瓦，踩石苔带露。灰雕隐、斗拱飞檐，水中鱼扯云絮。倚三桥、乌篷解缆，橹声响、波掀青雾。掠苇丛，星耀灯流，潞河飞渡。

人峰隐隐，泾口朦朦，东方正微曙。上市埠、水乡晨景，舟往车来，不息川流，满载商贾。犬汪北郭，鸡鸣西舍，田园交响银铃脆，恍当年、童稚读书去。如真似幻，红巾隐约堤间，麦浪鎏金摇羽。

云英紫透，蝶恋香丛，又忆春阳煦。诵声朗、橘林深处。散学归来，猪草先打，鳝笋后补。邻莲筑屋，尝梅刨笋，枇杷杏子茶煮酒，意绵绵、婉把琴筝抚。欣看千里江南，永驻芳菲，盛昌文武。

十里长街

四月长街十里花，喧哗人语证繁华。
春风吹柳摇红袖，细雨湿裳撩碧纱。
灯火阶前吆喝影，炊烟院内暖和家。
儿歌声起三桥畔，玉兔正朝枝上爬。

老街早市

海上鱼虾逐汛来，渡头舟楫挤成排。
千年浙埠非虚誉，十里喧声破晓街。

右军墨池秋日怀古

妙智寺东思入神，临池涤砚迹犹新。
飞凫顾盼怀书圣，雁影徘徊念俊臣。
一片清漪堪濯洗，千年馀润未湮沦。
我来蘸取右军墨，画得秋声滴滴真。

邮亭古驿

清辉皎皎漏声迟，自古多情怕别离。
才子江湖思故土，佳人闺阁盼书辞。
月河半夜梨花雨，驿道千年杨柳枝。
卷洞桥边轻一问，邮亭可肯寄新诗。

长街诗歌

妙智寺涤滤轩

我来沿径觅莲池，古寺幽深翠筑帷。
君子圣人皆喜此，洗心浴德尽相宜。

人峰塔

人峰塔影接虚空，金碧雕山朗照中。
古曲悠悠风驰荡，分明身在白云丛。

十里长街换新貌

○ 缪日态

东南崛起一条龙，撤镇升区气势雄。
三大工程明格局，千寻堤坝却潮洪。
纵横车道如蛛网，耸峙琼楼近月宫。
十里长街换新貌，路桥光景郁葱葱。

咏十里长街

○ 卢秀灿

路桥重镇号商城，十里长街闹市声。
货转人流忙交易，价廉物美巧经营。
晨风站港舟船集，夜月楼台灯火明。
更喜诗坛多雅作，文光财气共纵横。

○ 吴敏超

题谢家里古宅院

伊谁不解酣春宿，啼啭几回幽独？
却共庭风芳躅，犹带阳关曲。
谢家淡月倍清淑，无问年光何促。
待此新阴一束，浑似杯中绿。

古镇雪韵

虚窗分外明，雪落夜还轻。
可叹空棋局，徒为扫石枰。
陇头梅自远，陶令酒谁倾。
云合剡溪雨，仙舟梦里行。

河分今古

长街故梦欲何从，广宇新秋月更浓。
水绿垂杨情可系，繁华千古始相逢。

长街诗歌

○ 任战白

月河吟社

骚坛结社聚先贤，浅唱豪吟意万千。
风雨百年诗一路，潞河今日续前缘。

月河渔火

网撒清流碧水中，烟波河上笑春风。
一船月色三分醉，渔火连星点点红。

五桥夜月

垂杨夹岸远尘嚣，点点粼光玉镜摇。
桥上媪翁乘月色，家长里短半清宵。

谒路桥东岳庙

四百年来载道同，紫云肃穆世人崇。
时空风雨苍茫里，殿宇香云燎绕中。
安镇一方桑梓乐，照临万物烛光红。
明知因果皆由己，又想朝山入此宫。

三桥怀旧

秋风秋韵落花飘，故地重游逐梦遥。
石径双樟藏古意，长街边巷涌人潮。
北南货物寻常见，远近舟帆几度摇。
应信乡愁挥不去，此情犹系旧三桥。

十里长街遐思

一缕乡愁接迤逦，时光难掩旧繁华。
飞檐翘角台门老，傍水沿街石径赊。
庭院深深追往事，藤蔓叠叠画奇葩。
丹青古韵常痴我，轻唤春风乐品茶。

老街记忆

最爱流连阅老街，粉墙石径旧招牌。
废兴世事沧桑路，十里风云总系怀。

长街诗歌

○ 陈子钦

三桥怀旧

风情小镇独称豪，身伴此乡心感骄。
旧屋房门含古韵，长街村市涌春潮。
物流商贸通灵地，敛取钱财缠满腰。
诗与远方前路广，新枝老树忆三桥。

路桥东岳庙观感

神灵天降佑民康，善恶分明法有章。
此处无私存大爱，千秋功德自留芳。

路桥十里长街

水乡月夜听民谣，村市相连路路桥。
忆昔变迁沧海啸，思贤兴废故园骄。
一朝绝虑堪攘臂，千古扬威竞折腰。
引蝶谋商荣百业，更添新美弄春潮。

路桥集市

○ 柯善才

江南集贸称佳地，潞水凝波富一隅。
十里长街耽货殖，万方客户溢通衢。
应时商品人人羡，入目珠玑串串珠。
子贡陶朱若无恙，定当敛袂急相趋。

路桥工人文化宫

○ 朱鹿峰

人峰秀色推窗见，万井庭园俯首瞻。
檐角星辰伸手摘，海风过处挂云帘。

鹧鸪天·河西竹木场

○ 王立祥

百亩田中一水塘，熙熙攘攘起苍黄。老杉修竹四方集，
　　　　大卡长船整日忙。
蒙党政，合农商，万般辛苦不寻常。如今笑看全村貌，
　　　　贫困河西晋小康。

新安古镇

○ 蔡啸

妙智寺西廿五间，枭糠桥下水潺潺。
近郊罾网依颓壁，远浦渔舟绕浅湾。
鲞吞村前飞雀鹭，下洋殿畔泊渔帆。
新安古镇当年貌，追昔思今迥异颜。

三桥怀旧

○ 应光辉

沧桑岁月忆难消，傍水长街十里遥。
埠阔三桥奋桂楫，巷深话月涌人潮。
枭糠桥上思清代，廿五间前追宋朝。
潺潺潞河东逝去，长街千载路迢迢。

街心公园

○ 王日新

公园新辟近街心，碧水红廊自引人。
满座清风消倦怠，一庭芳树共精神。
晚云多幻思存厚，明月无私感率真。
乡曲于今开风气，绿坪晨舞彩纷纷。

南宫河泛舟（组诗）

○ 王文龙

官河水碧试行舟，绿树飞檐豁眼眸。
信是东君起来早，急推春意上枝头。

十里长街治水勤，小舟巡查日微熏。
掬来一把官河水，映着飞檐与白云。

飘潇一夜欲如何，帘外楼前春意多。
老柳新眉添作画，官河潮水共莺歌。

十里长街无尽楼，风烟自带韵悠悠。
苍苔古甓千钧重，信是春秋刻上头。

辛丑上元过十里长街

长街偶过二三车，老巷红灯千百家。
最是春心藏不住，满城细雨炸烟花。

漫步十里长街

拱桥短驿草纤纤，古镇知春风一帘。
曲巷青苔滋卵石，高墙碧落挂飞檐。
孩童忽忽追新燕，岁月深深藏旧奁。
何处跫声消暮色，乔家里外水溅溅。

长街诗歌

水调歌头·十里长街路桥行

○ 程安林

十里长街靓，河重小桥轻。江南烟雨神韵，欸乃两三声。古建逶迤如画，玉砌雕栏图案，洒脱又峥嵘。水乡景观妙，迎接浪潮盈。

路即桥，桥是路，御赐名。店铺林立，集市摊位几千程。可供观光购物，可使休闲居驻，驿站有邮亭。今又逢盛世，福瑞共长鸣。

老街记忆（组诗）

○ 李昌定

十里长街傍水边，咿喔船橹四更天。
五桥夜月清流淌，彩绘灰雕祈瑞年。

老街石板长方块，廊下窗前讲价钱。
三八市来人接踵，一天到晚闹翻天。

十里长街雕木廊，千年船埠运输忙。
五桥夜月清流淌，百业兴隆聚客商。

老街古韵

○ 卢挺

柳岸轻波十里摇，楼心墨韵一帘招。
亭收月话千寻巷，路引星眠百渡桥。

后 记

　　十里长街是路桥历史的缩影，也是路桥文化的代表性标识，有着丰富的人文景观和文化内涵。从北宋到近现代，路桥的先贤、文人，为歌颂家乡不吝笔墨，创作了大量诗篇。晚清民国时期，还形成了颇具影响力的诗歌创作团体——"月河吟社"和"月河诗钟社"。这些诗人群体和他们所创作的优美诗歌，犹如倒映在南官河中的点点繁星，为十里长街增添了绚丽的文学色彩和浓郁的人文底蕴。

　　在编辑过程中，我们精心挑选了十里长街具有代表性的诗人和诗作，其中，既有直接表现十里长街风景、民俗、人物等元素的诗歌，也有长街本地诗人的代表作与唱和之作，长街的文脉在诗意中绵延。编委会几经商议，从开始的按主题编纂，最后定为按照朝代时间排列，脉络更清晰明了。

　　现当代诗歌部分，我们也进行了广泛的收集整理，在开展十里长街原创诗歌征集活动的基础上，邀请本地诗人进行主题创作。路桥区委宣传部与《十月》杂志社联合开展的"名刊名编看路桥"活动，与会的部分知名诗人、编辑也为十里长街留下了一批诗作。另外，女诗人六月雪参与了现代诗的遴选工作；路桥区诗词协会蔡士达、徐吉鸿、应允盛等整理了十里长街的当代古体诗；区文联卢斌副主席专门创作了长街速写插画，区社发集团对本书出版提供了有力支持，在此一并表示感谢。

　　因编者水平和掌握资料有限，本书难免会有疏漏，也许还有很多书写十里长街的优秀诗作未能收录，希望读者们提出意见建议，以便在将来持续进行修订。

编者

二〇二四年十二月